3DX BODY

くびれ母ちゃんの骨からボディメイク

3DX BODYは
究極の曲線美

欧米の女性みたいに、胸も腰もお尻も
すべてが引き上がった立体的なボディラインが
ずっと私の憧れでした。

日本人の平面的なカラダを
〝骨から〟ボディメイクして
スタイルごと変えよう

スタイルに自信のなかった
私たちが変えたこと——
ズバリ「骨」を変えました。

〝関節のネジ〟を締め直すトレーニングで
年齢に関係なくスタイルを変えてしまう。
それがYumiCoreBodyのメソッドです。

＼みんなフツーの主婦でした！／

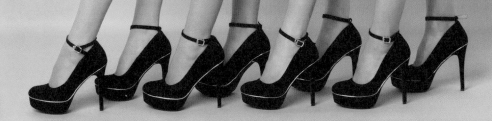

YUMICO

43歳

BEFORE → AFTER

顔が長い

おっぱいがぺったんこ

ボリュームおっぱい

きれいな曲線

四角いお腹

お尻がぺったんこ

お尻のトップが高い

ごめんなさい！

「ただ細いだけ」のカリカリボディでした！

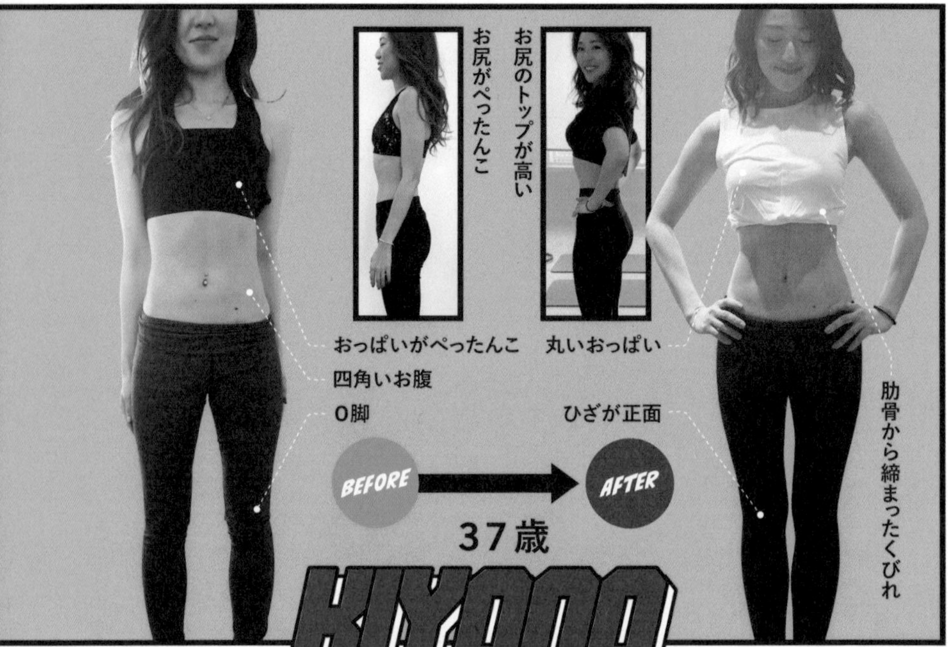

お尻がぺったんこ

お尻のトップが高い

おっぱいがぺったんこ

丸いおっぱい

四角いお腹

O脚

ひざが正面

肋骨から締まったくびれ

BEFORE → AFTER

37歳

KIYONO

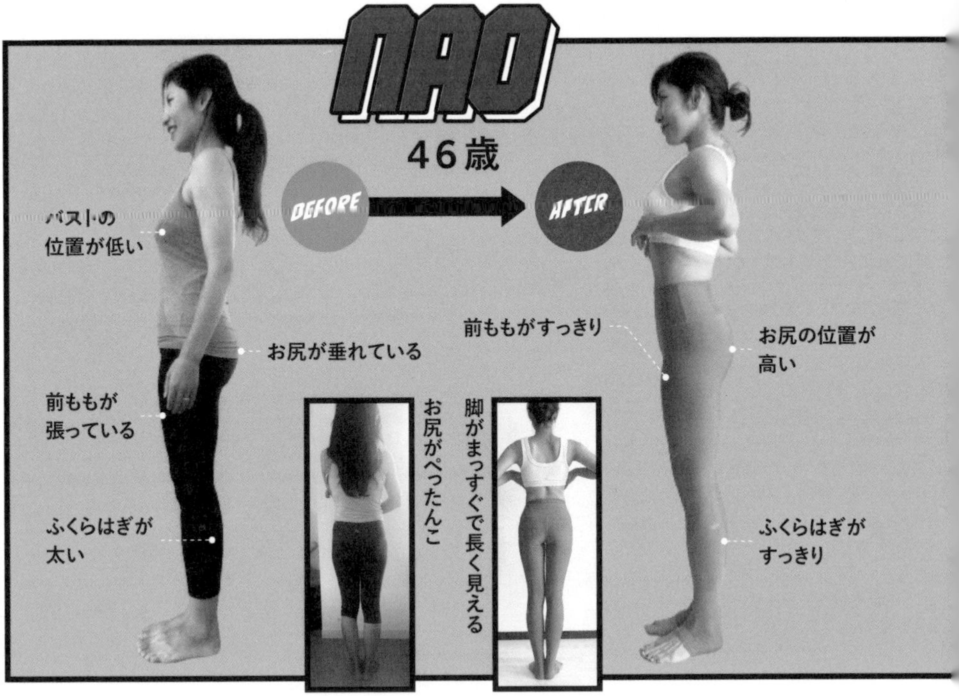

NAO

46歳

BEFORE → AFTER

バストの位置が低い

お尻が垂れている

前ももが張っている

ふくらはぎが太い

お尻がぺったんこ

脚がまっすぐで長く見える

前ももがすっきり

お尻の位置が高い

ふくらはぎがすっきり

YumiCoreBodyのトレーナー、数年前まで

顔が長い

巻き肩

お尻がぺったんこ

お尻のトップが高い

小顔

肩が開いた

おっぱいぺたんこ

やせてるだけのくびれ

丸いおっぱい

肋骨から締まったくびれ

骨盤幅ができてメリハリボディに

BEFORE → AFTER

45歳

HARUKA

カリカリボディ

ヤセているけどもったいないカラダ

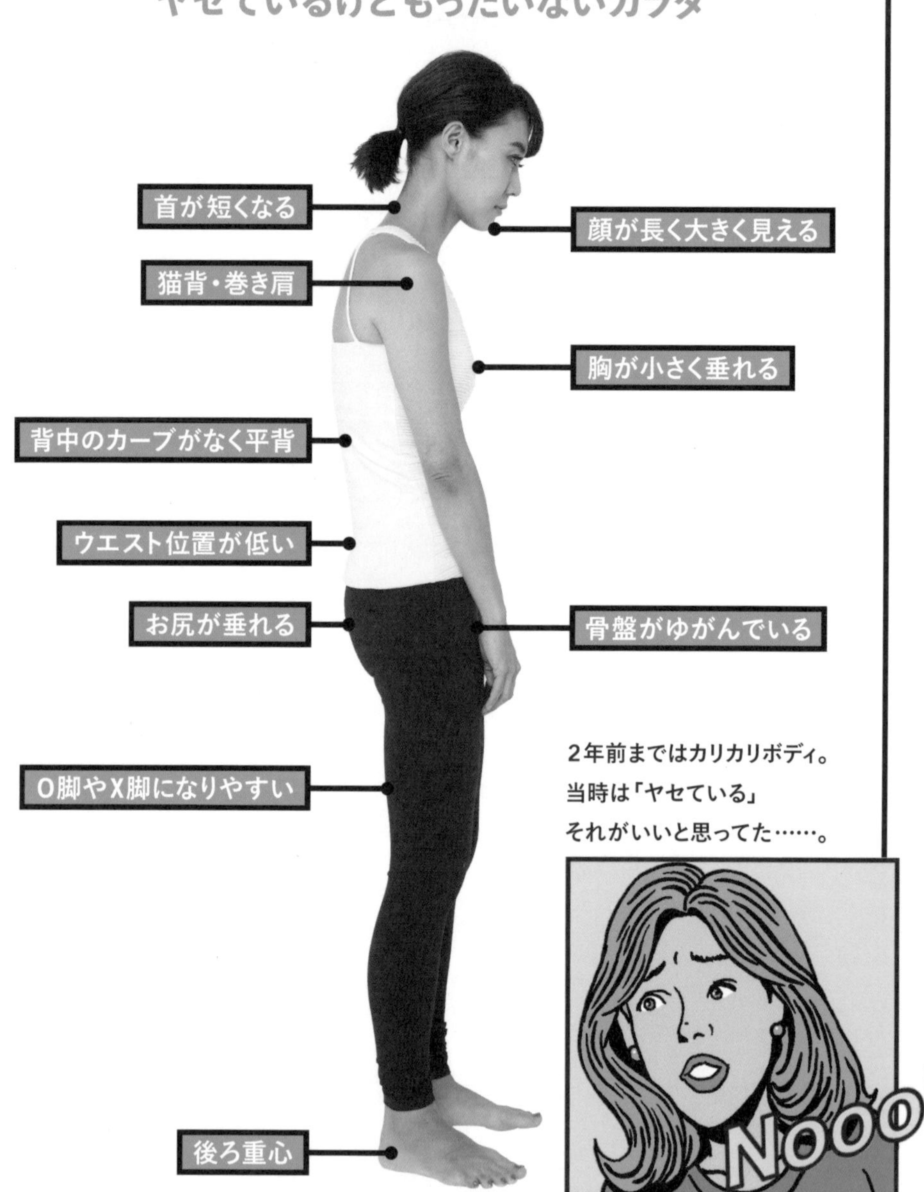

2年前まではカリカリボディ。
当時は「ヤセている」
それがいいと思ってた……。

徹底比較！

3DX BODY

メリハリがあって360度キレイ！

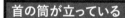

首の筒が立っている

小顔に見える

肩が引けている

バストにハリがある

ウエスト位置が高い

お尻が上がってる

骨盤が締まってる

ふくらはぎがすっきり見える

重心が中心

テレビを
見ながらTRY!
DVD
つき

この本にはDVDがついています!

Point
かかとから前に出し膣を引き上げて伸びるように

テレビの大画面で動きをチェックできて使いやすい!

スマホでも観られる!

QRコードでも動画も観られます!

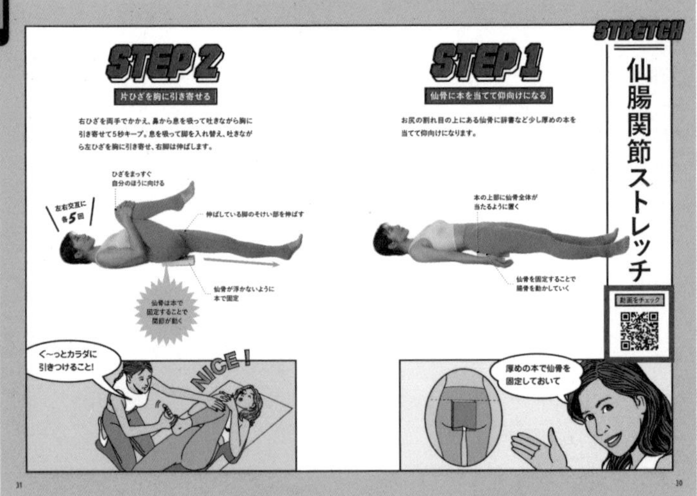

STRETCH

仙腸関節ストレッチ

STEP 1

仙骨に本を当てて仰向けになる

お尻の割れ目の上にある仙骨に辞書など少し厚めの本を当てて仰向けになります。

本の上部に仙骨全体が当たるように置く

仙骨を固定することで腸骨を動かしていく

動画をチェック

厚めの本で仙骨を固定しておいて

STEP 2

片ひざを胸に引き寄せる

右ひざを両手でかかえ、鼻から息を吸って吐きながら胸に引き寄せて5秒キープ。息を吸って脚を入れ替え、吐きながら左ひざを胸に引き寄せ、右脚は伸ばします。

左右交互に各5回

ひざをまっすぐ自分のほうに向ける

伸ばしている脚のそけい部を伸ばす

仙骨が浮かないように本で固定

仙骨は本で固定することで関節が動く

く~っとカラダに引きつけること!

NICE!

30

31

スマホのカメラ機能でQRコードを読み取る、
または読み取りアプリを起動してQRコードを読み取ってください。

※本動画をご利用する際には別途通信料がかかります。通信料はお客様の負担となりますので、通信料定額等のサービスをご利用されていない場合はご注意ください。

DVDで自宅レッスンのコツ

Q. 回数が多いほうが早く効果が出る？

A. 回数をこなすより正確に動くことが大切！

DVDの中では「何回行う」という目安の回数を入れていますが、はじめのうちは回数が少なくてもOK！それよりも、ひとつひとつの注意事項を守りながら、ゆっくりと正確に行うことのほうが大切です。はじめのうちは注意事項のすべてをクリアできなくても大丈夫。続けることでカラダに教え込みましょう！

Q. 朝と夜、どちらで行うのがいい？

A. どちらでもOK続けることが大切！

朝行えば、1日の動きがスムーズになるし、夜行えばよく眠れるなど、どちらもメリットはあります。ですから無理なく続けられる時間に行うのがベスト。朝か夜かにこだわってできない日は、やらずに続かなくなるより、毎日短時間でも続けることが大切。続けなければカラダを変えることはできません。

Q. 食事制限は必要？

A. 三大栄養素を摂らないと3DX BODYにならない！

厳しい食事制限での減量はカリカリボディになってしまいます。ヒップやバストにボリュームを出すためには食べることも大切。炭水化物、たんぱく質、脂質のいわゆる三大栄養素はしっかり摂ること！ 私は体重は55kg前後で体脂肪は28%くらいなので、数字だけ見るとヤセているわけではないけれど、見た目のラインは3DX BODYになっています。

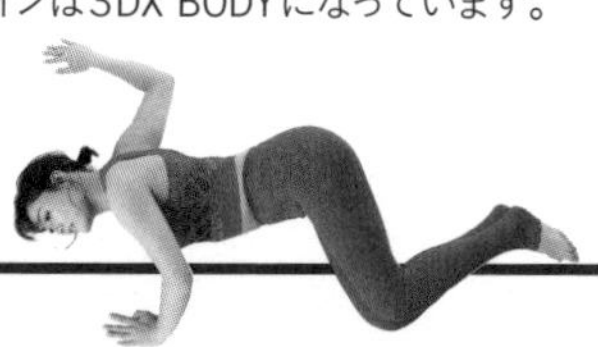

Q. どのパートから行うのがいい？

A. 仙骨のパートから始めるのがおすすめ！

本書は「仙骨」「股関節」「胸椎」「膣」の4パートと、「膣ウォーク」のパートがあります。まずは「仙骨」のパートから始めるのがおすすめ。仙骨を整えると骨盤が正しいポジションになり、カラダの土台が安定。そして骨盤に近い「股関節」、上半身の「胸椎」を整えたら「膣」のパートでカラダを引き上げ、最後に「膣ウォーク」ができるようになるのが理想です。

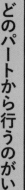

CONTENTS

PART 1

関節のネジを締め直す！ 3DX BODYストレッチ&トレーニング

SWITCH 1 仙骨を引き上げて骨盤を締めよう

股関節を正しくはめ直そう

SWITCH 3

胸椎を正しく動かそう

SWITCH 3

膣を引き上げて軸を通そう

PART 2

これぞ究極！ これができれば3DX BODY確定！ 「膣ウォーキング」に挑戦

PART 1

関節のネジを締め直す！
3DX BODYストレッチ
&トレーニング

POINT

3DXボディになりたい人は4つのスイッチをONにすればいい

3DX BODYとは、360度どこから見ても「X」のラインを描いた曲線的な立体感のあるカラダ。これを手に入れるために「筋トレ」を一生懸命頑張っても、引き締まってはいくものの、気づけばどんどん男らしいカラダに……。女性らしい**3DX BODY**から遠のいてしまったという人も多いのではないでしょうか。なぜなら、大切なのは「筋肉」ではなく、「骨」だから。

もう少し詳しく説明すると、骨と骨をつなぐ〝関節のネジ〟を締め、正しい骨の位置を脳にまで覚えさせることが大切。〝関節のネジ〟を締めるとは、骨と骨をつなぐ関節が正しい位置で収まり、安定し動かせること。〝関節のネジ〟に意識を向けストレッチ＆トレーニングを行うことで、骨の位置と脳の意識を切り替えることができ、**3DX BODY**に近づくのです。

カラダを変えるためのスイッチは4つあります。1つめは、骨盤の中心にある「仙骨」。ここを土台にしてカラダ整えていきます。2つめは、骨盤と足のつなぎめ「股関節」。3つめは、頭から胴体を支える背骨でバスト裏にある「胸椎(きょうつい)」。4つめは、女性だけにある「膣」を引き上げてカラダに軸を通し、美しい姿勢がキープ。4つのスイッチをONすれば、**3DX BODY**が完成！

SWITCH 1

仙骨を正しくはめ直そう

骨盤と骨盤の骨の間にある仙骨をほんの少し前に傾けて引き上げ仙腸関節を締める! これができれば骨盤が正しい位置に、腰に美しいカーブが描ける。

SWITCH 2

股関節を正しくはめ直そう

骨盤の穴に球体の骨がしっかりはまっているのが正解。股関節がしっかりはまっていて動きがスムーズならば、お尻が上がって、外ハリ、前ハリ脚からの脱却も夢じゃない!

SWITCH 3

胸椎(きょうつい)をしなやかに動かそう

背骨の一部で、首の下から肋骨の下までが胸椎。ここが固まっている人がほとんど。胸椎を丸めたり、反らせたり、ねじったりとしなやかにすれば、バストアップ&小顔につながります。

SWITCH 4

膣を引き上げて軸を通そう

呼吸に合わせて膣を引き上げる、下げるができると体幹部のインナーマッスルが同時に働きます。それによってカラダに軸が通ったようにすっと引き上がったカラダになります。

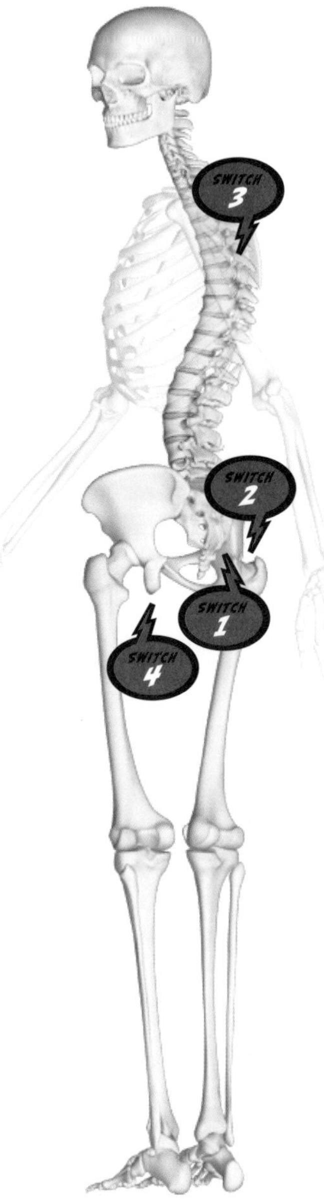

POINT

あなたは使えている!? 眠っている内側の筋肉をたたき起こす

「仙骨」「股関節」「胸椎（きょうつい）」「膣」の4つを正しく動かせるスイッチを入れるには、使えていない内側の筋肉を起こさなくてはいけません。

まずは、自分でどこの筋肉を使ってしまいがちなのか、スクワットをしてチェックしてみましょう。太ももの横、前、内もも、お尻、どこがツラいですか？　ほとんどの人が横や前ももの外側の筋肉がツラいと感じるのではないでしょうか。それは、普段からそこの筋肉ばかり使っているからです。同時に、内側の筋肉はすっかりおやすみ中で存在すら感じない人もいるでしょう。

しかし、YumiCoreBody流のスクワットは外側ではなくカラダの内側の筋肉をたたき起こすカラダ

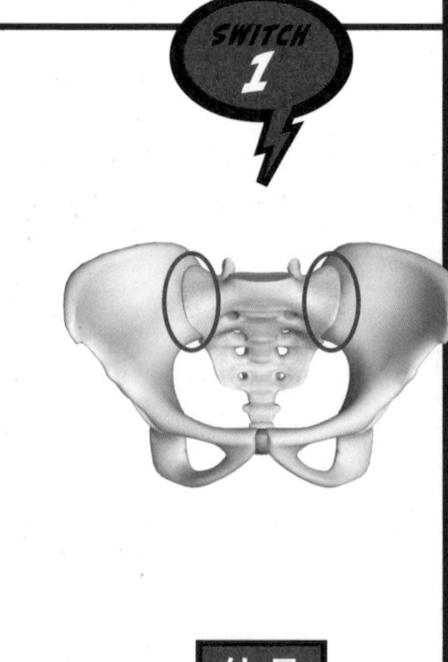

POINT

「動かないものを動かす!」くらいじゃないとカラダは変わらない

の使い方をします。ただし、内側の筋肉をたたき起こすには、いつも使って硬くなってしまった外側の筋肉を、ストレッチをしてから、内側の筋肉を意識できるようにするステップが必要。

YumiCoreBodyのストレッチは、「伸ばして気持ちいい」というものではありません。関節をどの方向に向けるのか、カラダの内側の筋肉は使えているか、外側の筋肉をいつも通り使っていないか、カラダを動かすたびに自分で細かく確認し意識します。この繰り返しで、まったく動かせなかった筋肉や関節が目覚め、意識が通って「仙骨」「股関節」「胸椎」「膣」の4つを正しく動かせるスイッチもようやく入るのです。

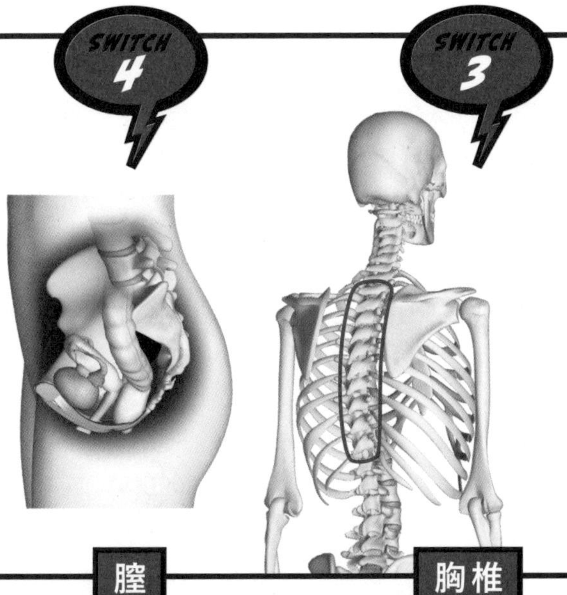

やるべきことは2つ！

〝関節のネジ〟締めストレッチ

スイッチONの準備ができたら、〝関節のネジ〟を締めやすくするストレッチしていきましょう。

YumiCoreBody流の〝関節のネジ〟を締めやすくするストレッチは決してラクではありません！今まで使えていなくて固まった内側の筋肉を起こして関節を動かすのでかなりの集中力が必要。「ここの関節を動かすための骨に近い筋肉を使うんだよ」とカラダと脳に覚え込ませ、コツコツと繰り返すことで〝関節のネジ〟が正しく締まるのです。

YumiCoreBodyのトレーナーも最初からできたわけではなく、「股関節が硬いから股関節のストレッチだけは毎日5分する！」など、自分なりにルールを決め

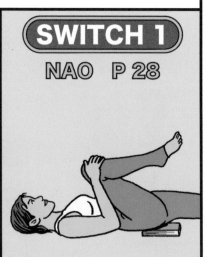

SWITCH 1

NAO P 28

SWITCH 2

KIYONO P 40

TRAINING

正しくはめた骨を継続維持するトレーニング

て続けることでカラダのラインが変わりました。体重はそのままでカラダのバランスがよくなったという感じ！

〝関節のネジ〟が締めやすい状態になったら、正しい骨の位置をキープするためのトレーニングで仕上げ。トレーニングといっても激しいものでなく、関節の位置や向きを意識しながら、小さな動きで骨に近い筋肉がギューッと縮む感覚を得られる地味なトレーニングです。実は、よっぽどこちらの方がツラいのですが……（汗）。

トレーニングによって正しい骨の位置がキープできると、立つ、座る、歩くといった日常の動作でも〝関節のネジ〟締めに必要な内側の筋肉がメインで働きます。骨（骨格）を正せば、勝手に日常生活の動きがボディメイクになる！

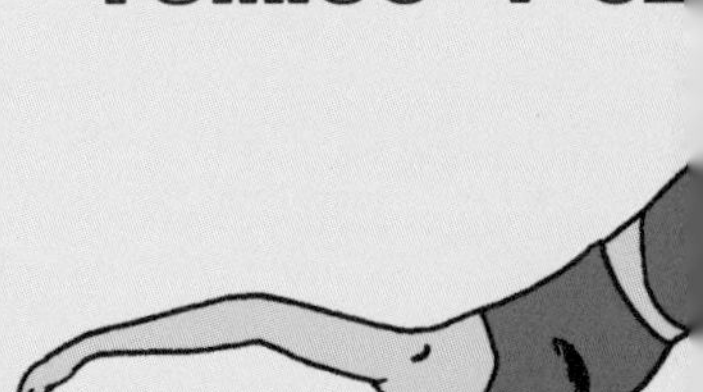

SWITCH 4
HARUKA　P 64

SWITCH 3
YUMICO　P 52

COLUMN
1

まずは骨をイメージできるようになること

人間のカラダをテントに例えると、骨はテントのフレーム部分。そしてシートが筋肉や脂肪とイメージしてください。テントが少し右に傾いていたとしたら、左側のシートは引っ張られてしまい、反対に右側がたるんでしまったりします。あなたのカラダにも同じようなことが起こっていると言えます。どこかの関節がゆがんで、酷使している筋肉と、さぼってばっかりでたるんでいる筋肉があります。つまりボディメイクをするときには、フレーム＝骨をいかに正しく安定させるかが重要。ストレッチするときもトレーニングするときも、骨をイメージしながら行うことがとても大切です。P73に、ひと目でわかる「YumiCoreBody MAP」を掲載しているので、そこで詳しく説明します。

仙骨を引き上げて骨盤を締めよう

仙骨を引き上げて骨盤の位置を整えることで
3DX BODYの土台をつくります。
骨盤のゆがみを整えるストレッチと、
仙骨を引き上げるトレーニングをしましょう。

奇跡の46歳!

骨盤の基礎をリフォームするプロ

＼2人の男の子、育ててます!／

仙骨の匠 NAO

トレーナー

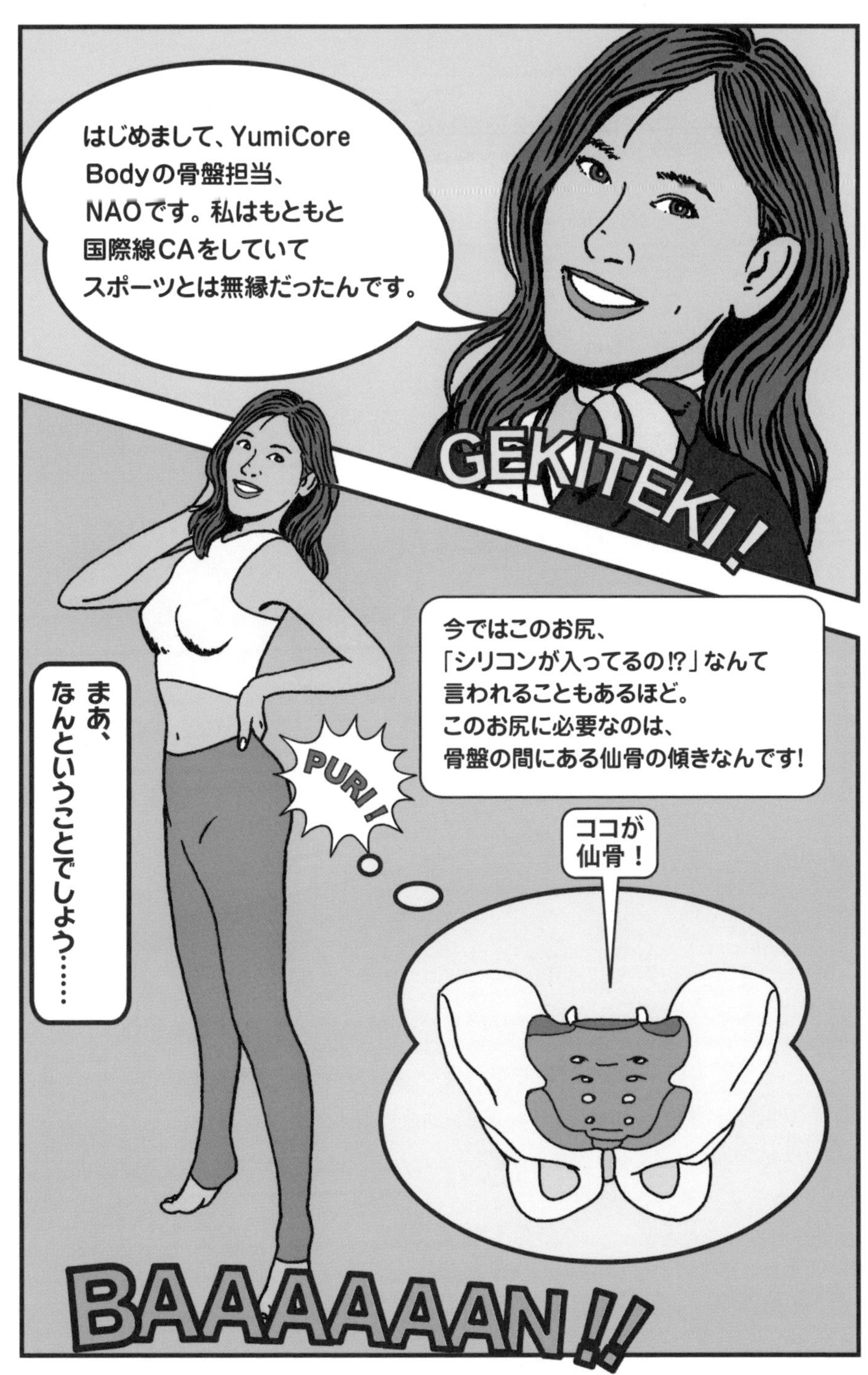
はじめまして、YumiCore
Bodyの骨盤担当、
NAOです。私はもともと
国際線CAをしていて
スポーツとは無縁だったんです。
GEKITEKI!
今ではこのお尻、
「シリコンが入ってるの!?」なんて
言われることもあるほど。
このお尻に必要なのは、
骨盤の間にある仙骨の傾きなんです!
まあ、
なんということでしょう……
PURI!
ココが
仙骨!
BAAAAAAN!!

私のレッスンでは、仙骨を固定して
骨盤を正しい位置に正すことから
始めます!
手のひらで作った
三角形が床と垂直!
これが正しい
骨盤の位置!
GOOD!
褒め上手!
みんなできてるね、
すごいすごい!

郵便はがき

お手数ですが
切手を
お貼りください

150-8482

東京都渋谷区恵比寿4-4-9
えびす大黒ビル
ワニブックス 書籍編集部

お買い求めいただいた本のタイトル

本書をお買い上げいただきまして、誠にありがとうございます。
本アンケートにお答えいただけたら幸いです。
ご返信いただいた方の中から、
抽選で毎月5名様に図書カード(500円分)をプレゼントします。

ご住所 〒

TEL (- -)

(ふりがな)
お名前

ご職業

年齢 歳

性別 男・女

いただいたご感想を、新聞広告などに匿名で
使用してもよろしいですか? (はい・いいえ)

※ご記入いただいた「個人情報」は、許可なく他の目的で使用することはありません。
※いただいたご感想は、一部内容を改変させていただく可能性があります。

●この本をどこでお知りになりましたか?(複数回答可)

1. 書店で実物を見て　　2. 知人にすすめられて
3. テレビで観た(番組名:　　)
4. ラジオで聴いた(番組名:　　)
5. 新聞・雑誌の書評や記事(紙・誌名:　　)
6. インターネットで(具体的に:　　)
7. 新聞広告(　　新聞)　　8. その他(　　)

●購入された動機は何ですか?(複数回答可)

1. タイトルにひかれた　　2. テーマに興味をもった
3. 装丁・デザインにひかれた　　4. 広告や書評にひかれた
5. その他(　　)

●この本で特に良かったページはありますか?

●最近気になる人や話題はありますか?

●この本についてのご意見・ご感想をお書きください。

以上となります。ご協力ありがとうございました。

仙骨がキュ～って
なっている感じわかる?
わからない人は手を挙げて!
丁寧指導!
しっかりお尻を
プリっとさせて～!
私もこれができるまで
結構時間が
かかったんです。
YEAH!
誰でも絶対に
できるから!
一緒に頑張って
いきましょう!

POINT

3 DXボディの土台づくりは骨盤を締めることから始める

自分の腰（仙骨のあたり）を触ってみてください。丸まっている、平たくなっているのは、骨盤が締まっていない証拠。骨盤が締まっていないと、腰痛があったり、お尻が垂れたりお腹が硬くなったりします。

では骨盤を締めるとはどういうことか。お尻の割れ目の上にあるのが仙骨。これに左右の腸骨が寄り添っている状態で、仙骨が前に少し倒れ、仙骨と腸骨の間の仙腸関節のネジが締まると、骨盤が安定します。すると美しい姿勢がキープしやすくなり、ヒップアップしたり、たるんだ下腹が凹んだり、腰痛の解消にもなります。

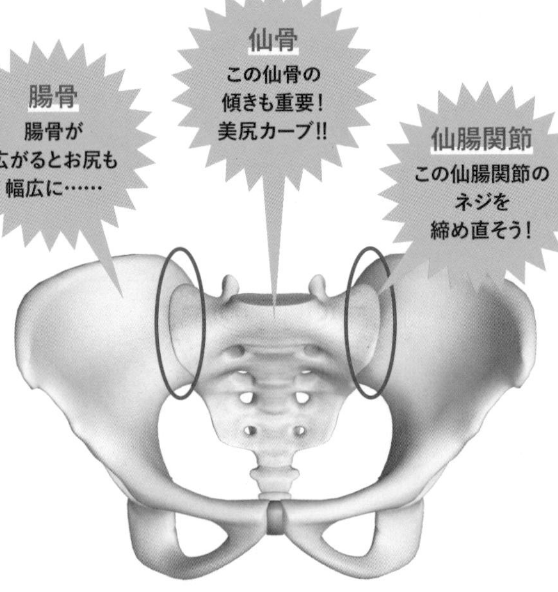
腸骨
腸骨が
広がるとお尻も
幅広に……
仙骨
この仙骨の
傾きも重要！
美尻カーブ!!
仙腸関節
この仙腸関節の
ネジを
締め直そう！

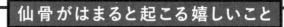

HAPPY!

仙骨がはまると起こる嬉しいこと

BEST 3

欧米人的ヒップアップ！

仙骨を前に傾けると骨盤は締まります。下がっていたお尻のトップの位置が変わるので欧米人のような上がったお尻になります。このとき、骨盤（左右の骨盤と恥骨で作った三角形）が床と垂直であることが条件です。

下腹がすっきり
ペタンコ腹に！

仙骨が後ろに倒れて骨盤が丸まってくると、上半身の姿勢も崩れ、内臓が下垂し下腹が出てしまいます。正しく骨盤が締められると、内臓が本来の場所に戻り、お腹がスッキリ、便秘や生理痛の解消にも。

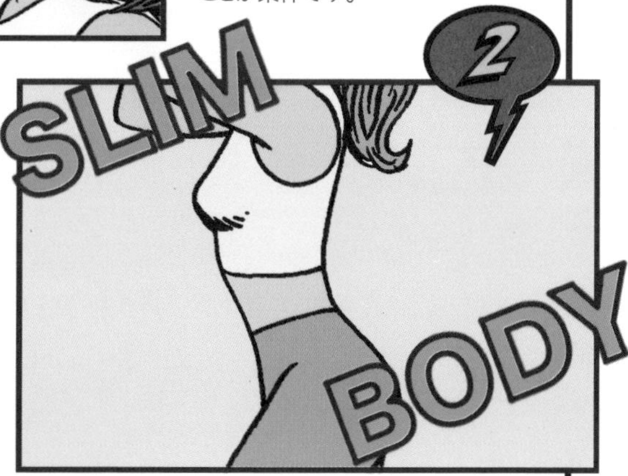

3

NO
BACK PAIN

腰痛など
カラダの不調が解消！

正しく骨盤を締められると、背骨を支える内側の筋肉が働いてくれるので腰痛が解消。内側から美姿勢をキープできて疲れ知らずのカラダに。立ったとき、骨盤が床と垂直であることを確認して。

仙腸関節ストレッチ

動画をチェック

仙骨に本を当てて仰向けになる

お尻の割れ目の上にある仙骨に辞書など少し厚めの本を当てて仰向けになります。

本の上部に仙骨全体が当たるように置く

仙骨を固定することで腸骨を動かしていく

片ひざを胸に引き寄せる

右ひざを両手でかかえ、鼻から息を吸って吐きながら胸に引き寄せて5秒キープ。息を吸って脚を入れ替え、吐きながら左ひざを胸に引き寄せ、右脚は伸ばします。

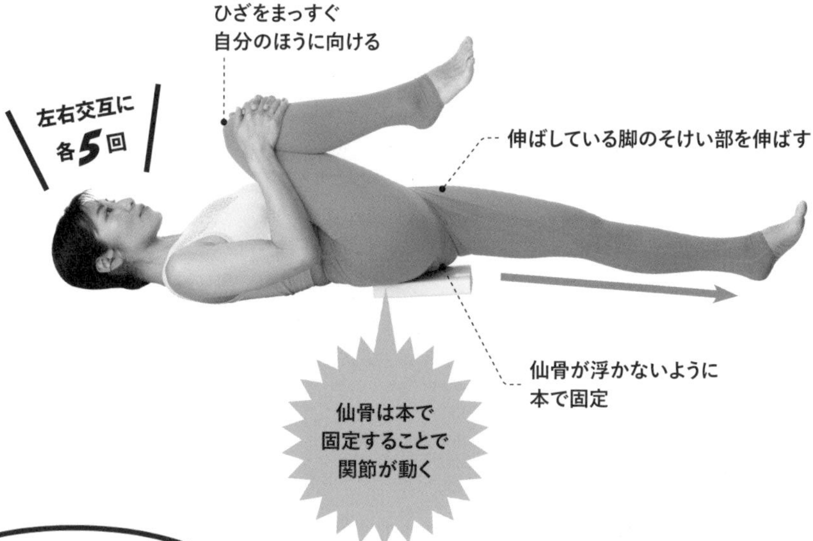

ひざをまっすぐ
自分のほうに向ける

左右交互に
各5回

伸ばしている脚のそけい部を伸ばす

仙骨が浮かないように
本で固定

仙骨は本で
固定することで
関節が動く

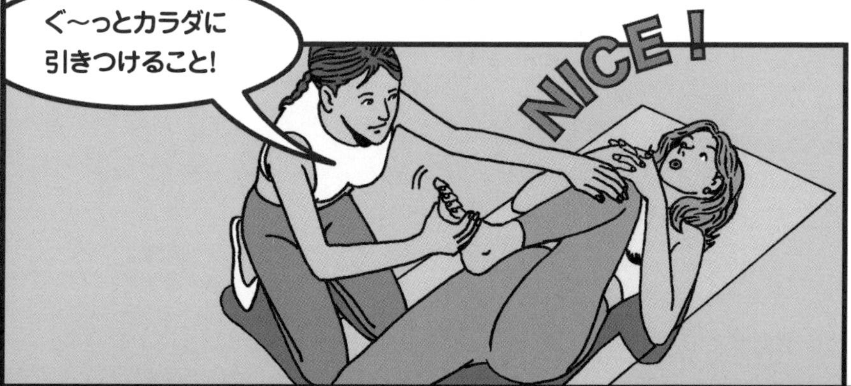

ぐ〜っとカラダに
引きつけること!

NICE!

フロッグリフト

STEP 1

うつ伏せになり足裏をくっつける

うつ伏せになり足裏をくっつけて、ひざを外側に向けます。脚のつけ根から外側にねじって内ももを床につけるような意識で。両手を重ねて顔の下に置き、額をのせます。

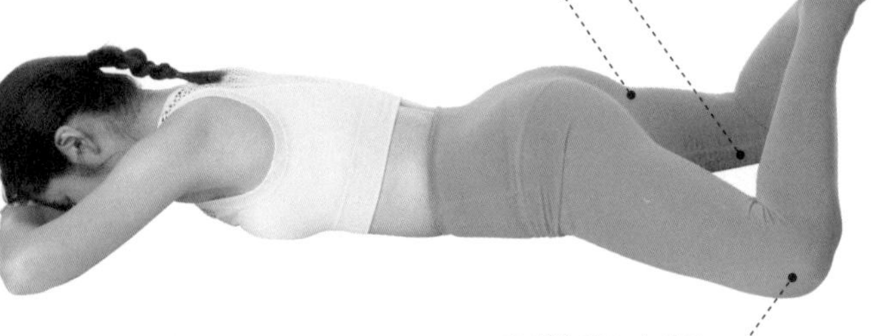

動画をチェック

脚のつけ根から
ひざを外に向けて
仙骨あたりが
締まってるのわかる!?

床からひざを浮かせる

息を吸って吐きながらゆっくりひざを床から浮かせます。脚やお尻の力を使わず、仙骨を引き上げるようにして持ち上げます。

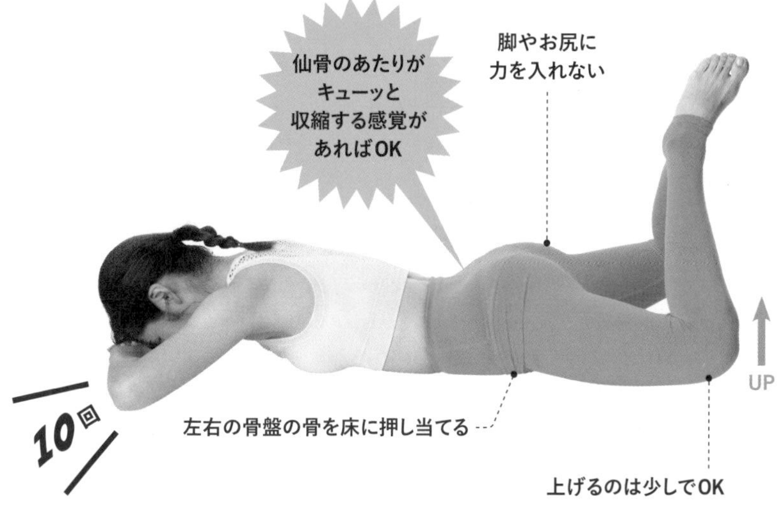

仙骨のあたりが
キューッと

あればOK
脚やお尻に
力を入れない

上げるのは少しでOK

太ももの力で上げ
ないで！ 仙骨からね〜！
UP！

☑ 骨盤を床と垂直にする。反り腰に注意！

☑ 骨盤の左右の骨を後ろに開き、仙骨の上で締める意識で

☑ うつ伏せのトレーニングで仙骨が締まる感覚をカラダに覚えさせる

仙骨を少しだけ前方に傾けて仙腸関節を締めたとき、骨盤を床と垂直にすることは絶対条件。垂直にしようとすると反り腰になりやすいので注意が必要です。特にイスに座ったときは背もたれに寄りかかって腰を丸める人が多く、同時に仙骨も丸めてしまいます。脚を組むのも骨盤がゆがむ原因です。骨盤が垂直になっているか、慣れるまではちょこちょこチェックしてみてください。

左右の骨盤の骨と
恥骨で作った三角形が
床と垂直がベスポジ♥

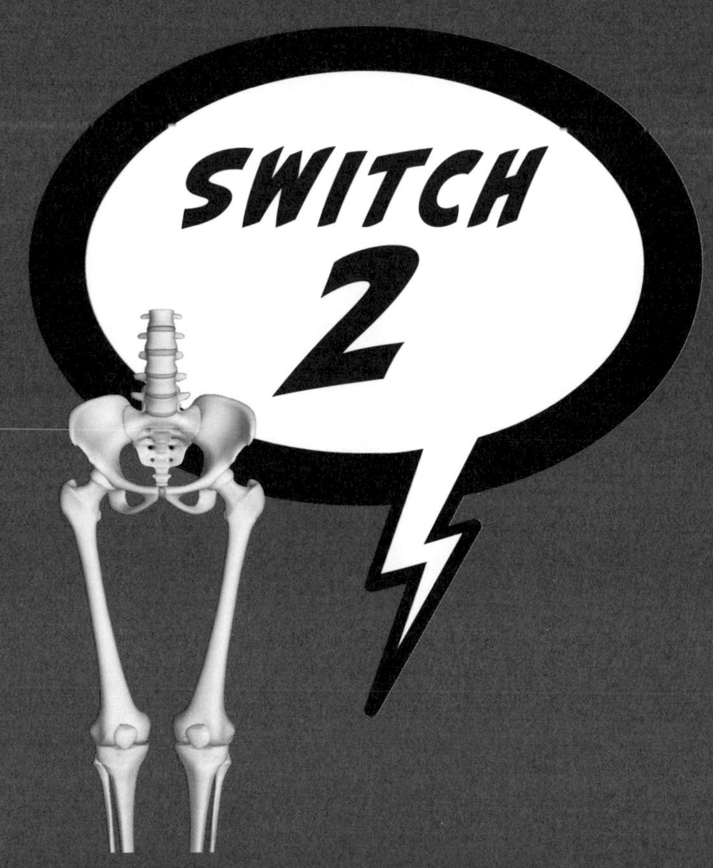

股関節を
正しくはめ直そう

立っているときも、歩くときも意識したいのが
「股関節」を正しくはめた状態にしておくこと。
その感覚を得るための「ストレッチ」と
股関節を正しいポジションにして動く「トレーニング」をマスターしましょう。

あなたの脚は本来
もっと長くていい

＼家では14歳の娘のお母さん／

美尻執行人

HIYONO

トレーナー

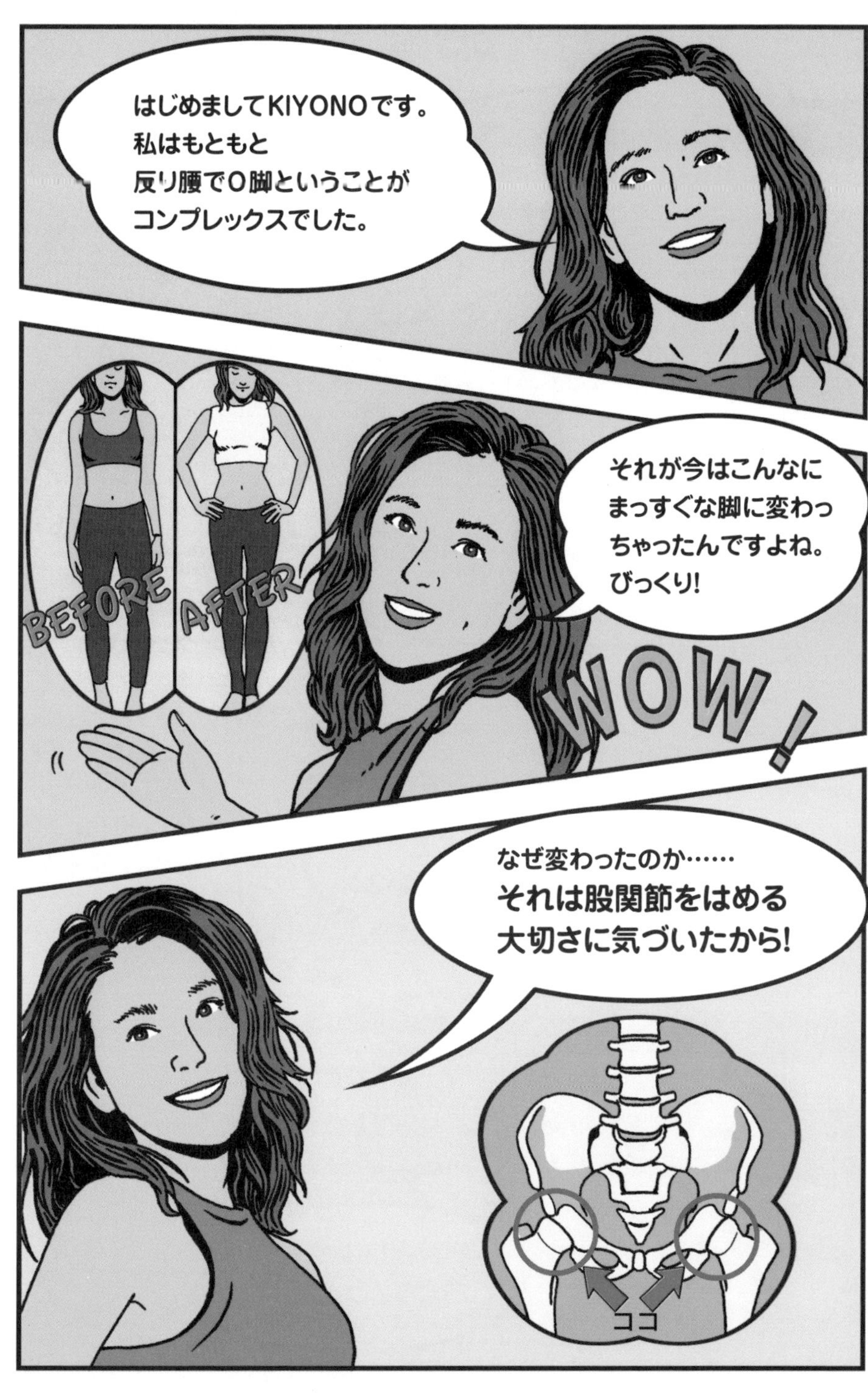
はじめましてKIYONOです。
私はもともと
反り腰でO脚ということが
コンプレックスでした。
BEFORE
AFTER
それが今はこんなに
まっすぐな脚に変わっ
ちゃったんですよね。
びっくり!
WOW!
なぜ変わったのか……
それは股関節をはめる
大切さに気づいたから!
ココ

股関節がしっかりはまると
お尻と太ももの内側の筋肉が使えて
お尻がプリッと上がり脚もまっすぐに!
BANG!
OMG!
私のレッスンでは
アメとムチ、
両方使ってます!
励まし上手
FIGHT!
これができないと
お尻小さくならないよ!
お尻痛いよね〜
あとちょっとだよ〜

CHECK!
立ったときに
ひざ頭は正面?
お尻の下のほうを
使ってる感覚ある?
くるぶしの内側に
体重は乗ってる?
といったことを
チェックしていきます!
READY?
床に座って左右の脚の
長さが違っていたら、股関節の
はまり方が違う証拠。
さぁ、股関節を
はめていきましょう!

POINT

「股関節」に「大腿骨（だいたいこつ）」を正しくはめてヤセやすい下半身に変えちゃおう！

股関節ってやわらかいほどいいと思っている人が多いけれど、実は勘違い。正解は骨盤のくぼみに、足のつけ根である大腿骨が正しい向き、角度ではまったまま歩けること。これが股関節のネジが締まっている状態です。股関節が正しく使えると、お尻のインナーマッスルが働くので丸く上がったお尻や美脚になるのです。

ところが股関節がずれて正しい向きや角度ではまっていないと、お尻が垂れたり前ももが張り出したりします。股関節のネジを締めたまま、動けることがとても大切です。

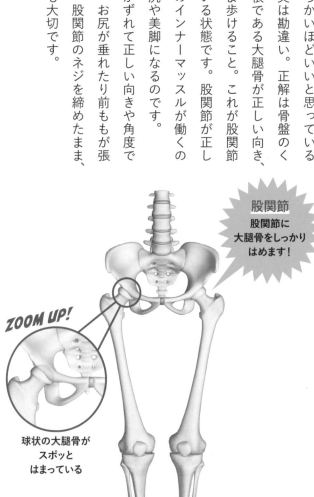

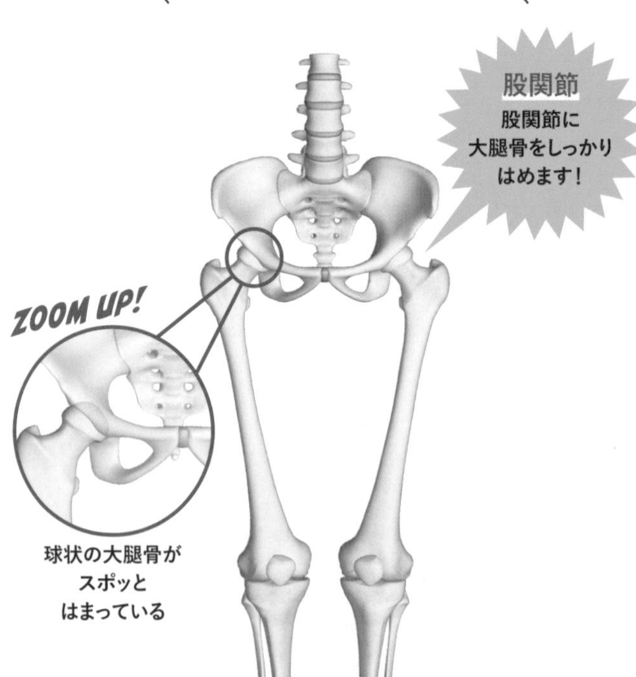
股関節
股関節に
大腿骨をしっかり
はめます！
ZOOM UP!

球状の大腿骨がスポッとはまっている

大腿骨がはまると起こる嬉しいこと BEST 3

お尻の位置が高くなる！

股関節に大腿骨が正しくはまると変化がわかりやすいのがお尻。お尻の下のほうのインナーマッスルが働くので、太ももとお尻の境ができてヒップアップします。

脚がすらりと まっすぐになる！

太ももの外側や前側に重心がかかりづらくなるので、外ハリ脚、前ハリ脚、O脚、X脚が解消。脚がまっすぐになるので、その分脚長に見えます。

3

Looks tall !

背が高く見える！

実際の脚の長さは変わらないけれど、O脚やX脚が解消できて脚がまっすぐになると、その分腰の位置が高くなり、実際の身長よりも高くすらりと見えます。

STRETCH

股関節の動きをよくするストレッチ

四つ這いの姿勢になる

ひざ立ちをします。肩幅より少し広く脚を開き、かかととつま先は内側に向けます。両手を肩の真下について、手のひら1枚分前に出します。

動画をチェック

お尻をギュ〜ッと後ろに引いて
だんだんやわらかく
なってくるから頑張って!

PURI！
ひざよりつま先を
内側に入れて
お尻をプリッ!

STEP 2

お尻を後ろに引く

お尻を真後ろの壁に向かって引きます。ゆっくり後ろに引きながら内ももが伸びるのを感じましょう。何度も動かしていくと股関節のはまりがよくなってスムーズに動けるように。

30回
股関節が
正しく
はまっていく！
お尻は
真後ろに引く
内ももが伸びる
痛い場合は
お尻を丸めてOK

クラムシェル

横になって股関節とひざを90度に曲げる

右肩を下にして横になり、右ひじを曲げて枕にします。左手は腰に添えます。股関節とひざは90度に曲げましょう。

股関節と
ひざは90度

カラダは床と垂直

動画をチェック

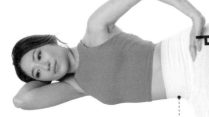

股関節とひざが90度に
なっているかをしっかり確認!

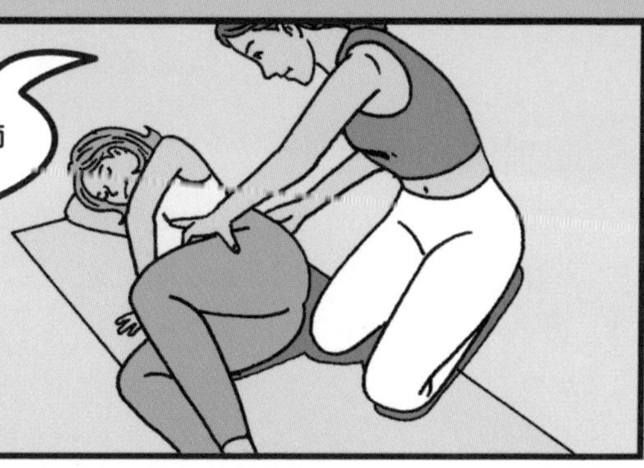

背中側に倒れないように!
たくさん開くんじゃなくて股関節
から動かすことを意識して!

STEP 2

ひざを天井に向かって上げる

かかとはくっつけたまま、内ももを天井に見せるようにしてひざをゆっくり開きます。お尻の下のほうが収縮していればOK。反対側も同様に行います。

お尻をぷりっとさせる
ゆっくり動かそう!

筋力を育てよう!

姿勢×時間であなたは変わる

☑ 脚を組む、片ひじをつくなど左右アンバランスの姿勢はとらない

☑ 立っているときは前の人に内ももを見せる気持ちで

☑ 歩くときはお尻の下部の収縮を常に意識する

股関節を正しくはめ込むには、とにかくお尻の奥で骨の近くにある筋肉を鍛え、使う感覚を研ぎ澄ますこと。そして左右のバランスが悪い姿勢は、股関節のゆがみに直結するので、そうした日々の悪いクセを少しずつ直すことから始めましょう。毎日少しずつ意識し、階段を登ったときなどに「お尻の下に効いているな」「長く歩いても脚が疲れなくなったな」と感じ始めたら股関節が正しくはまり、正しくお尻の奥の筋肉が使えている合図です。

キュッと上がったお尻で脚長効果もバツグンです！

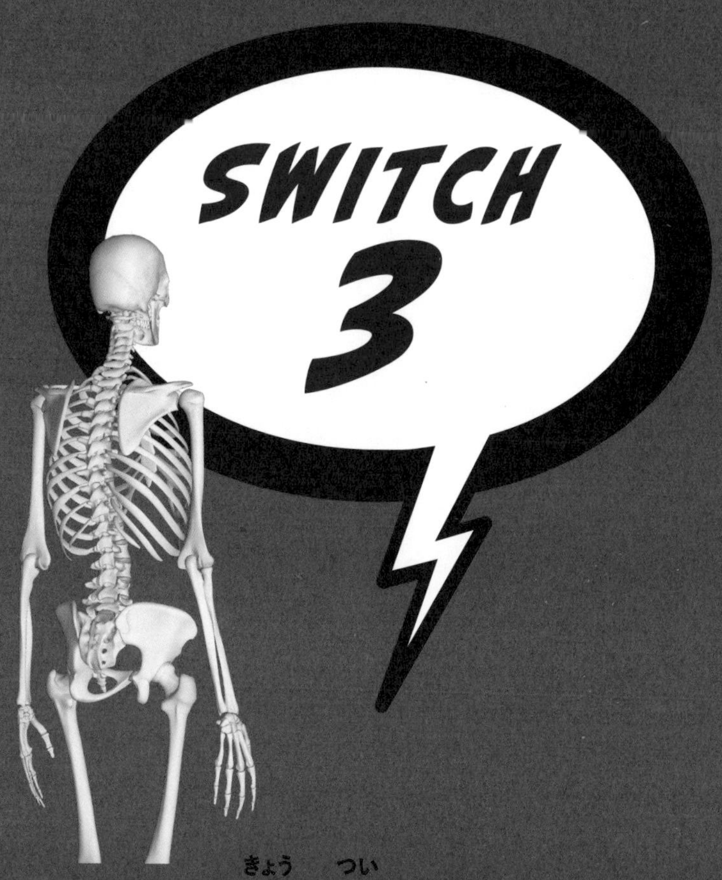

胸椎(きょうつい)を正しく動かそう

反ったり、丸めたり、ねじったりと自由自在に動かせる背骨。
でも猫背だと、丸められても反れない、ねじれない。
そこで背骨をねじるストレッチと、
背骨で硬くなった胸の筋肉をトレーニングします。

\ 15才、13才、8才の三児の母 /

背骨革命

YUMICO トレーナー

救うスーパーウーマン

猫背から、おっぱいを

ここ数年で急激にボディラインが
変わった私……。
前はヤセていたけれどメリハリがなく、
薄っぺらなカラダだったんです。
それがどうして変わったのか!?

えっ!
そこのあなた!! ダイヤが
下に向いているわね……
世話好き
YumiCoreBodyでは胸の前にある
胸骨を“ダイヤモンドの骨”と
呼んでいるんです。ここが
キレイなおっぱいのポイント!

胸骨が下がって
いるとおっぱいも
下向き、垂れおっぱい
になっちゃうんです。
BAAAAAAN!!
3DX BODYをつくるためには
背骨と胸のまわりを緩めて
自由自在になること! それでは
一緒にレッスンスタート!!
LET'S 3DX
BODY
No!
胸骨が下を
向いていると
こうなっちゃう……

POINT

しなやか「胸椎（きょうつい）」&「肩甲骨」立てで猫背とは無縁のカラダに変えちゃおう！

背骨のなかでも、首から腰の間で、胸の後ろにある骨のことを胸椎といいます。胸椎が硬いと猫背になり、肩こりや頭痛が起こる、首が前に出て顔がたるむ、胸がたれる、くびれができにくくなります。また、肩甲骨の動きも格段に悪くなり、背中や二の腕が太ったり、たるんだりします。

まずは胸椎をやわらかくし、胸の前を伸ばしながら肩甲骨の動きをよくしていきましょう。そして鎖骨と鎖骨の間の胸の骨（胸骨）を上に向けて肩甲骨を立てて寄せることにより、美しい姿勢になれるのです。

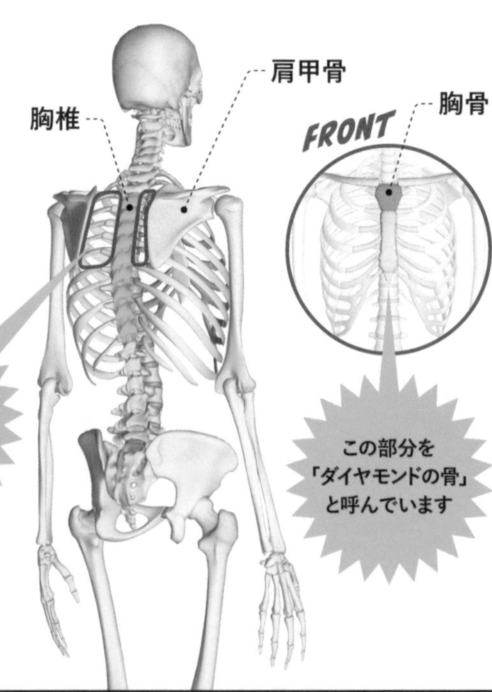
肩甲骨
胸椎
FRONT
胸骨
胸椎と
肩甲骨の間を
動かせるように
なること！
この部分を
「ダイヤモンドの骨」
と呼んでいます

胸椎がしなやかだと起こる嬉しいこと

上向きの ロケットおっぱいになる！

鎖骨と鎖骨の間の骨（胸骨：Yumi CoreBodyではダイヤモンドの骨と呼んでいる）を持ち上げて斜め上に照らすことができると、おっぱいが上に向き、バストアップに。

首が長くて小顔になる！

首の下の部分の骨が丸まると、横から見たときに、顔が首や肩より前へ出てしまいます。すると首は短くなり顔がたるみ、大きく、長く見えたりします。胸椎をやわらかく正しい位置で支えられると、自然と首が立ち、肩が開いて頭が真上にくるので、小顔に。

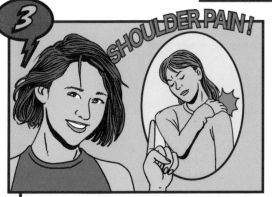

長年悩んだ 肩コリや頭痛が解消！

顔が肩より前に出てしまうと、その重みで肩や首の筋肉が引っ張られてコリや頭痛の原因に。頭がカラダの真上にあれば、肩と首の筋肉の負担は減ってコリにくくなります。

STRETCH

胸椎ねじり

STEP 1

右腕を左のわきの下にくぐらせる

左のわきの下に右腕をくぐらせ、左手と右手を重ねます。左手を顔のほうに向け、鼻から息を吸って背骨をねじるようにして左腕を開き、息を吐いて左腕を戻します。これを左右各3回行います。

START

四つ這いになる

肩の下に手首

お尻の下にひざ

手のひらは
自分の顔のほうに向ける

右の肩甲骨から
引っ張る

左右各
3回

左胸の鎖骨を
天井に向ける

動画をチェック

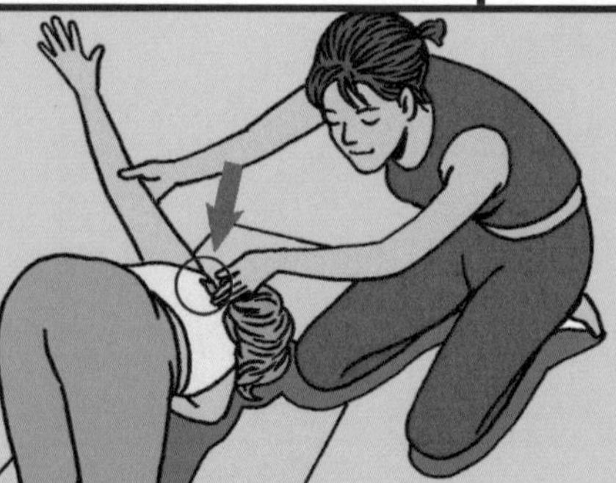

おっぱいを
天井に見せていくよ!

背骨がねじれている
感覚はある?

STEP 2

頭のほうに伸ばす

鼻から息を吸って左腕を開いたら、息を吐きます。息を吸って腕を頭のほうへ伸ばし、息を吐いて戻します。腕を伸ばすとき、肋骨と肋骨の間を広げるイメージで。これを3回。反対も同様に行います。

肋骨と
肋骨の間に
空気をたっぷり
入れるように!
腕はできるだけ
遠くへ
左右各
3回

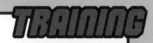

TRAINING

小胸筋トレーニング

STEP 1

横になってひざ、ひじを曲げる

右肩を下にして横になり、脚を前に出します。ひざはラクな角度に、右肩を後ろに引いて横にひじを置き、90度に曲げます。右の肩甲骨を背骨に寄せます。左手を顔の前について左の胸を開き、右の胸がストレッチされていることを感じます。

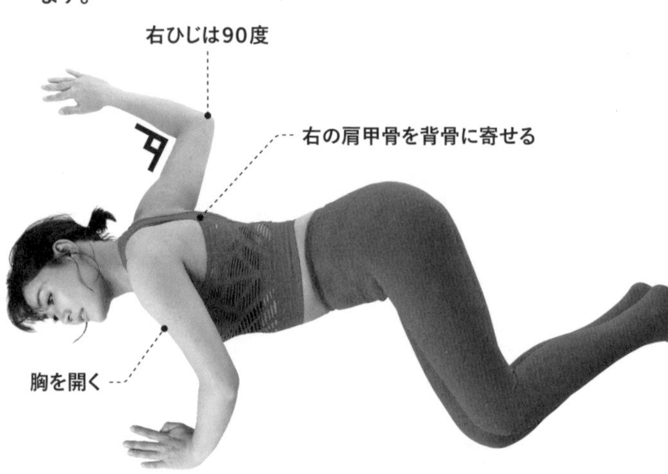
右ひじは90度
右の肩甲骨を背骨に寄せる
胸を開く

動画をチェック

肩甲骨を背骨に寄せて!
巻き肩直すよ〜

腕を上のほうに
ゆっくり
スライドさせて～

STEP 2

ひじを曲げ伸ばしして胸の筋肉を鍛える

鼻から息を吸って吐きながら、右肩甲骨を背骨に寄せたまま右ひじを遠くに伸ばしたら、STEP1の姿勢に戻ります。呼吸は逆でもOK。反対側も同様に行います。

左右各
10回
肩甲骨は寄せたまま
頭は床につけてもOK
左の胸を開く
胸の筋肉が
伸びているか
チェック！

☑ 胸骨のダイヤを下向きではなく、持ち上げて斜め上に照らす意識

☑ 腰で反って肋骨を前へパカーンと開かない

☑ みぞおちをカラダの中にしまい込むイメージ

胸椎を動かそうとするとき、やってしまいがちなエラーは「胸を張ること」と「腰を反らすこと」。一見姿勢がよさそうに見えますが、胸を無理に反ると、背中がこったり疲れたりします。また腰を反れば腰痛に。そうしないためには、みぞおちをカラダの中にしまい込んで、鎖骨と鎖骨の間の骨、ダイヤモンドを下向きではなく、上に向ける意識で肩甲骨を立てることを意識するといいでしょう。

前ではなく上に。
それがロケットおっぱい
の秘訣です！

膣を引き上げて軸を通そう

股関節と仙腸関節が締まって、胸椎が使えるようになると
前かがみになったカラダがぱっと開きます。
そのカラダを引き上げてキープしてくれるのが膣。
呼吸と連動しながら膣を引き上げられるようにしましょう。

締める感覚を
伝えたら日本一

＼母、妻、トレーナーの3つのわらじ、履いてます／

膣の魔術師

HARUKA

トレーナー

はじめまして、HARUKAです。
もともと肥満体質だったので
体型で悩む人の気持ち、
よくわかります!
NAO→KIYONO→YUMICOと
つないできた3DX BODYに
なるためのバトン。アンカーの私が
仕上げの方法をお伝えします!!
アンカー

仕上げに必要なのが
膣の引き上げ。そのためには
骨盤底筋を動かすことです。
骨盤底筋は、肛門や子宮などを支える
おまたの部分にあるハンモックの
ような筋肉です。
Fuuuuu!
さわってわかる!
説明上手
HAMMOK

膣の引き上げって
イメージがとっても
大事なんです!
ハンカチを
持ち上げる感覚
開いた傘を
閉じるように
いろんなイメージ
伝えます
最初はだれでもわからないもの。
でも、絶対にわかるようになります!
これは変わった私が言うのだから
間違いない!!
BEFORE
AFTER
Let's
膣の引き上げ
FANTASTIC!

POINT

「膣＝骨盤パンツ」を引き上げて身長が3cm伸びるくらい、タテに伸びよう

膣ってどう引き上げるの？　引き上げた感覚ってどんな感じなの？　とそもそも膣を動かす感覚がわからない人が多いはず。

膣を取り囲むように骨盤底筋があり、これは呼吸と連動しているのが特徴。息を吸ったら下がり、吐いたら引き上がり、膣も同じように動きます。また、骨盤底筋は内臓たちを下から支え、正しい位置に保つパンツのような役割もあります。この骨盤パンツをぐいぐい引き上げる＝膣を引き上げると重力に負けて縮んだカラダや下垂した内臓が持ち上げられ、タテに引き上がったカラダが手に入ります。

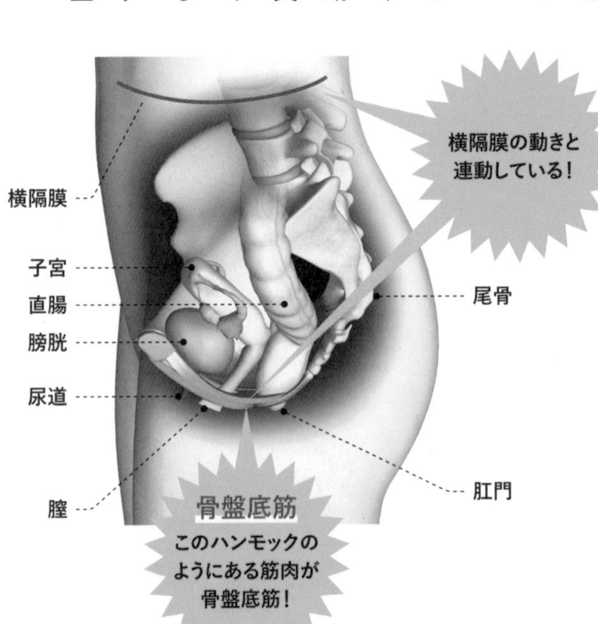

膣呼吸ができると起こる嬉しいこと

ヤセてもなかなかできないくびれができる！

骨盤底筋は呼吸と連動し、息を吸うと下がり、吐くと上がる。これと同時に働くのがガードルとも言われる腹横筋で、息を吸うと広がり、吐くと縮んでくびれができます。

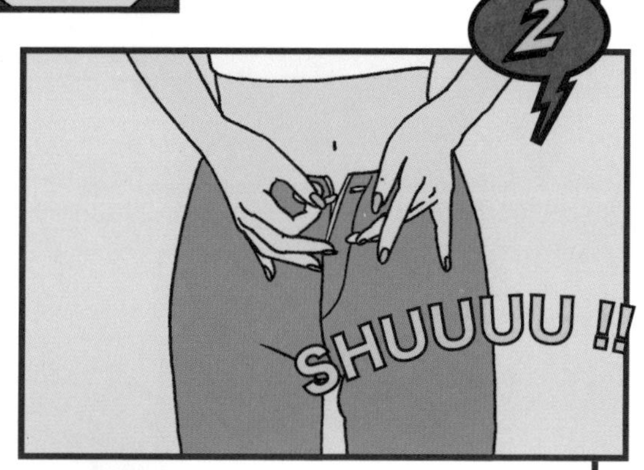

内臓下垂をSTOP 下腹がすっきりする！

骨盤底筋は内臓をハンモックのように支えています。引き上がると、姿勢が悪くて下垂してしまった内臓も引き上がり、つぶれた内臓によって前に出た下腹部がすっきりします。

3 毎日するっと気持ちいいほどの快便！

骨盤底筋が引き上がっていないことで内臓が下垂すると、胃の下にある腸が押しつぶされて便秘の原因に。内臓が引き上がれば腸も自由自在に動けて快便になります。

BASIC

膣呼吸の基本

STEP 1

手のひらをおまたに当てる

しゃがみます。足首が痛い人はお尻を床につけてもOK。手のひらを開いて中指の腹をお尻の穴の後ろに当てます。

しゃがむのがつらい人は
お尻は床につけてもOK
片手でも
両手を重ねてもOK
中指の腹で
お尻の穴の後ろを触る
手のひらに
当たっている
部分が
骨盤底筋

動画をチェック

鎖骨は正面に
見せること！

息を吸ったときに
手に当たっているのわかる?

STEP 2

吸う、吐くをしっかりする

カラダの力を抜いて鼻から息を吸ってお腹をパンパンに膨らませます。手のひらに膣が当たるのを感じ、息を吐きながら手を吸い込むようなイメージで膣を引き上げます。

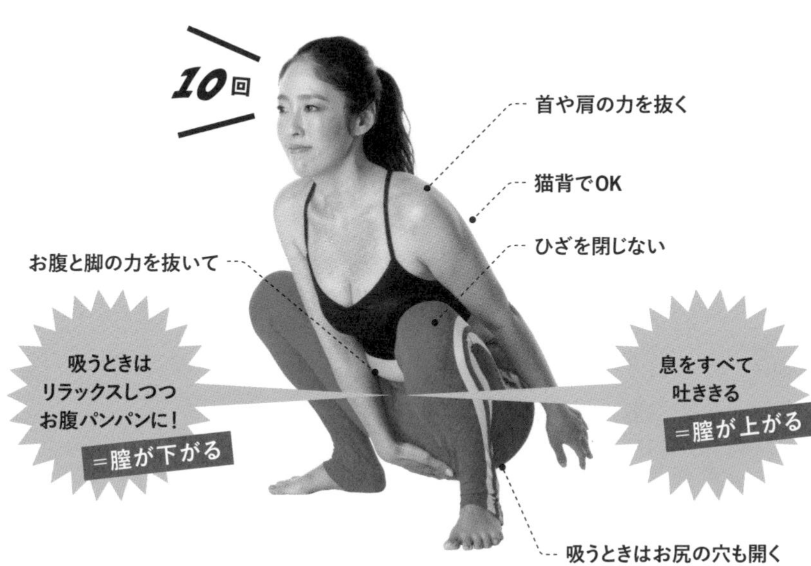
10回
首や肩の力を抜く
猫背でOK
ひざを閉じない
お腹と脚の力を抜いて
吸うときは
リラックスしつつ
お腹パンパンに!
=膣が下がる
息をすべて
吐ききる
=膣が上がる
吸うときはお尻の穴も開く

ひざ立ち膣呼吸

STEP 1

ひざ立ちをして手を胸の前で合わせる

ひざ立ちになります。左右の骨盤の骨とおまたの骨を結んだ三角形が床と垂直になるようにします。手は胸の前で合わせます。鼻から息を吸って膣や下腹部をパンパンに張らせます。

骨盤と床を垂直にする

膣・お尻の穴・おしっこが出る穴をパンパンに張らせる

ひざは肩幅に開く

動画をチェック

骨盤を前に押し出し
かかとは後ろでくっつける!

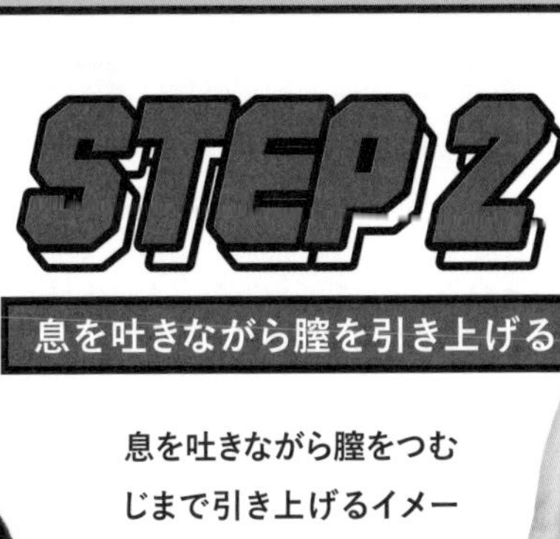

STEP 2

息を吐きながら膣を引き上げる

息を吐きながら膣をつむじまで引き上げるイメージに合わせて両手を上げたらSTEP1の姿勢に戻ります。

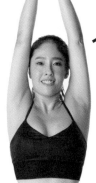

ゆっくり
息を吐く

背骨は伸ばしたまま

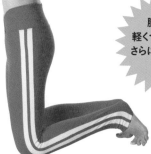

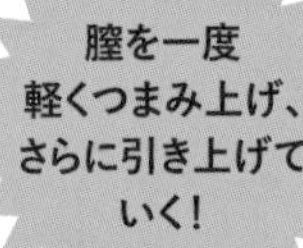

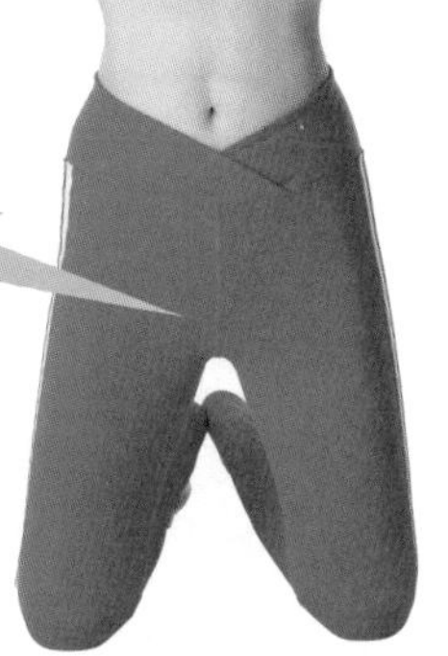

膣を一度
軽くつまみ上げ、
さらに引き上げて
いく!

上に伸びて伸びて〜!
膣を一緒に頭の
てっぺんに引き上げて!

それでも膣呼吸の感覚がつかめないあなたへ

骨盤底筋は、見えたり触ったりできないので、呼吸と連動して引き上がる感覚がすぐにはわかりにくい人もいます。そこでイメージしやすい引き上げの感覚をレクチャーします。

空気を目いっぱい吸い込んで
まず下腹部をパンパンにしてスタート

膣は引き上げるだけでなく上下するものなので、下がる感覚も大事。息を吸ってお腹をパンパンに張らせてみてください。すると膣の穴、お尻の穴、おしっこの穴のすべてが全開になるのがわかります。これが膣が下がっている状態。膣も筋肉なので動かさないと硬くなります。上げ下げの両方行うことにより、動きがよくなって膣が引き上がるのがわかるようになります。

お風呂や温泉でリラックスしている

引き上がると考えると、ギュッと力を入れてしまう人がいます。お腹が固くなってしまう人も。お風呂や温泉に入っているようにカラダの力を抜き、リラックスした状態を作っておきます。

ティッシュを箱からつまみ上げる

ティッシュの真ん中をつまんで、ティッシュ箱からそっと引っ張り上げるように、息を吐くのと同時に膣を引き上げてみましょう。勢いに任せて一気に引っ張り上げるのではなく、そーっとゆっくり行うのがポイントです。

うどんを1本ずつ吸い上げる

うどんを1本ずつゆっくり吸い上げるのをイメージしてみてください。何本もまとめてズズズっと吸い上げるのとは違い、口を細くすぼめるようにして、途中でうどんを切らずに吸い上げる感覚で、膣をつむじまで引き上げましょう。

姿勢×時間であなたは変わる

☑ イスに座ったとき、座面を膣で引き込むイメージを

☑ バスタブで骨盤を丸めた姿勢でリラックスして膣の引き上げ

☑ 骨盤の骨の内側に指を当てて、もりっとしてきたら骨盤底筋が使えている証

イスやバスタブに座って骨盤を丸めた姿勢は膣の引き上がりを感じやすいので、日常生活の中での座っている時間を有効活用してください。車の運転中、デスクワーク中など、意識して呼吸と膣の引き上げを連動させると、息を吸ったときに骨盤底筋が座面に当たる感覚、吐いたときに座面を吸い込む感覚がわかります。また膣が引き上がると、骨盤の骨の内側が盛り上がってくるのがわかります。

カラダがタテに伸びる感覚。気持ちよくなりますよ！

COLUMN 2

YumiCoreBody MAP

【ネジ(引き上げ)】

胸のネジ＝ダイヤモンド

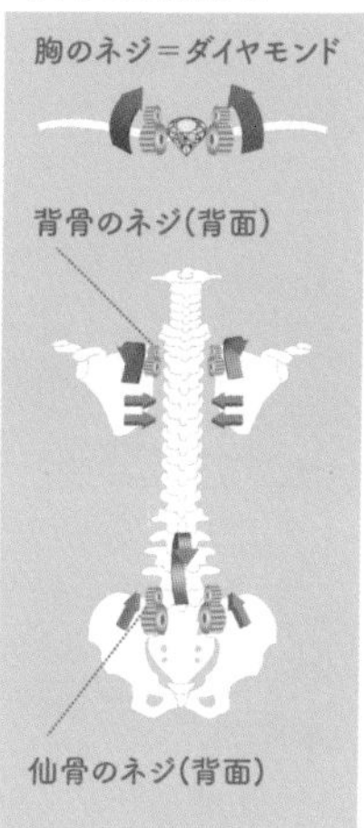

【ネジ(外回し)】

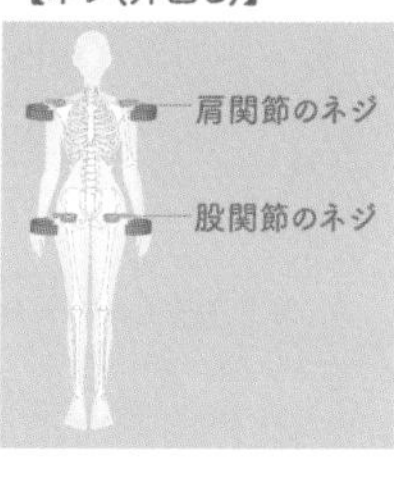

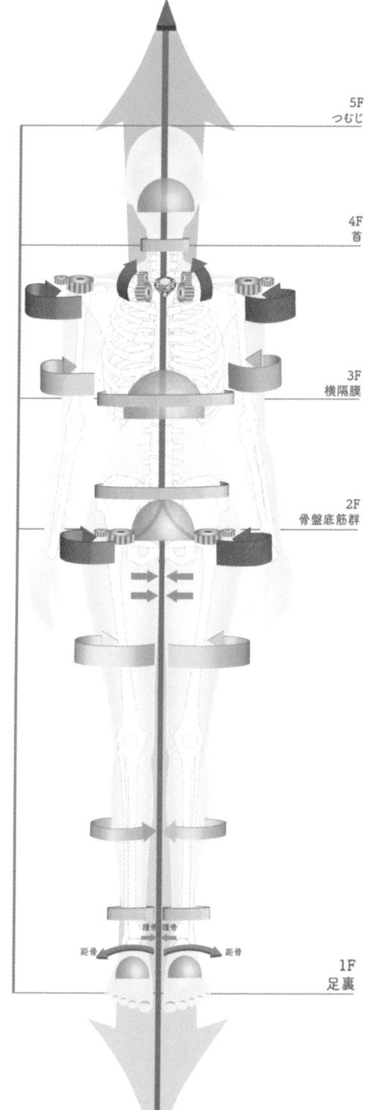

【アーチ(平行)】

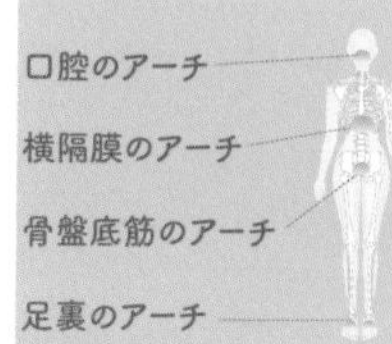

【リング(平行)】

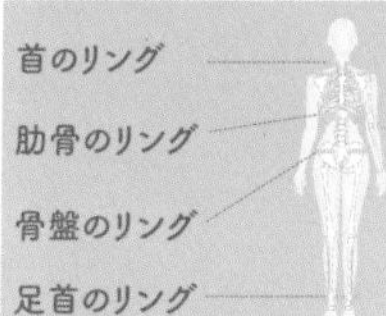

【天然のインナー】

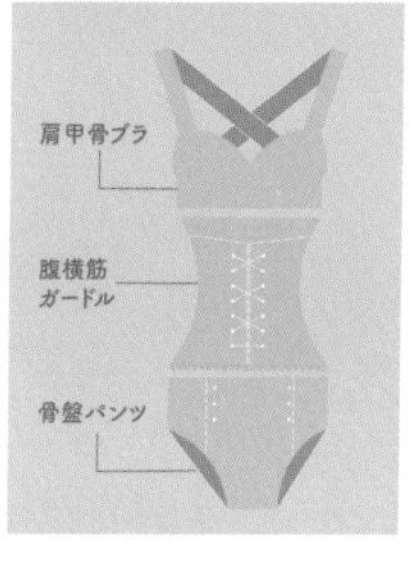

美しい姿勢に大切なことは、関節の「ネジ」を締めること、骨の角度を示す「リング」を知ること、カラダに「アーチ」を作って引き上げること。このポイントを一枚の絵で表した「YumiCoreBody MAP」を紹介します。

ダウンロードはこちらから

COLUMN 2

「YumiCoreBody MAP」を見れば
美しい姿勢に大切なことが一目でわかる

美しい姿勢になると、多くの人の悩みであるカラダの不調やボディラインの崩れが改善され、自分史上最高の健康とボディラインが手に入ります。美しい姿勢＝正しい骨格に導くには解剖学に基づいた正しい知識が必要です。しかし言葉だけで伝えるのは難しく、わかりやすく伝える方法を模索していくなかで完成したのが「YumiCoreBody MAP」です。

密教にはマンダラというお釈迦様が悟りの境地に至るまでの方法や、言葉では表せない真理などを習得できるように一枚の絵にしたものがあります。マンダラを知れば密教のすべてがわかるとも言われています。それと同じように、私自身が自分のカラダを変えることができた方法や、誰もが美しい姿勢（ボディライン）になれるエッセンスを凝縮したものを一枚のMAPにしました。いつも目にすることで難しい解剖学がイメージしやすくなり、多くの人がこれを目標や習慣にしたり出発点にしてくだされぱいいと願っています。

「YumiCoreBody MAP」の中での“ネジ”は（正しい）美しい姿勢を保つうえで特に私たちが重要であると考える関節や骨のポイント。矢印はネジを締める向きや方向を表しています。“リング”は骨の傾きを表しており、これが少しでも傾いていると、カラダにゆがみが出て美しい姿勢にはなれません。リングが平行なのがベストです。アーチはネジとリングが完成したときにカラダの中心部を通る軸の役割をします。その軸を引き上げることにより、縦に伸びながら重力に負けない美しい姿勢が保たれます。

これぞ究極！これができれば3DX BODY確定！「膣ウォーキング」に挑戦

TRAINING 1

股関節の使い方を研ぎ澄ます

「股関節をはめて歩く」ために、股関節の奥の筋肉を鍛える

歩くときに意識すべき股関節の使い方。PART1で行った寝姿勢でのストレッチやトレーニングの感覚を歩き方に落とし込みます。その前段階として、立ち姿勢で内ももを前に見せて股関節を外に開く感覚をカラダに覚えさせましょう。

1

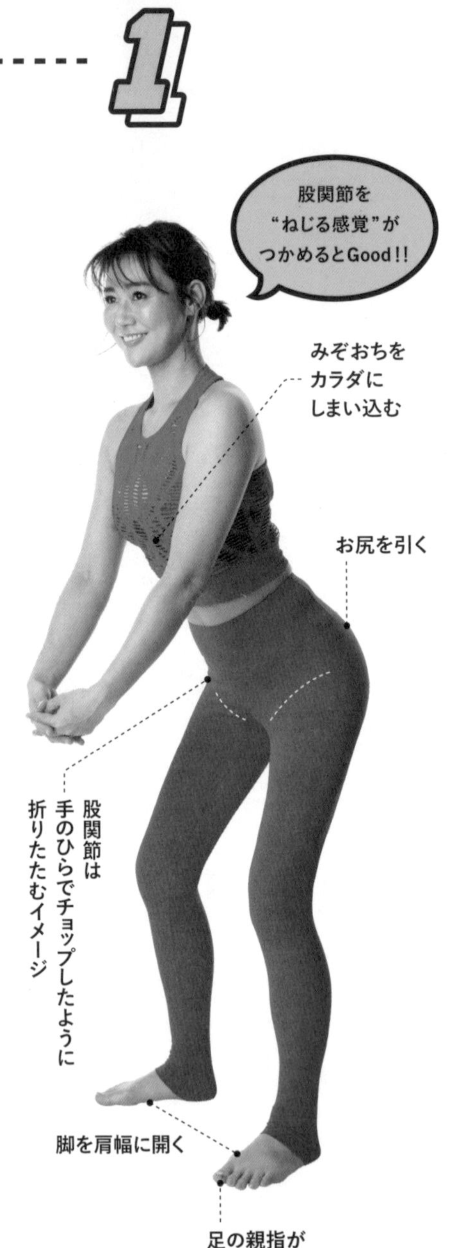
股関節を
“ねじる感覚”が
つかめるとGood!!
みぞおちを
カラダに
しまい込む
お尻を引く
股関節は
手のひらでチョップしたように
折りたたむイメージ
脚を肩幅に開く
足の親指が
正面を向くように

❶ 脚を肩幅に開き、足の親指を正面に向けます。
❷ ひざを軽く曲げましょう。
❸ 股関節を手でチョップし股関節を曲げてお尻を引きます。
❹ 左右の手の指を組んで前へ伸ばし、みぞおちを後ろに引きます。
❺ 鼻から息を吸ってお腹を膨らませます。
❻ 息を吐きながらひざで外側（小指側）に円を描くように向けて内ももを前に向けるイメージで行います。
❼ 重心を内くるぶし側に置きます。
❺❻❼を30回繰り返します。

2

30回
お尻の
下のほうに
収縮感が出る
腰は反らない
脚に力を入れない
ひざを外側に向ける
内ももを前に見せる
重心を内くるぶしにのせる

TRAINING 2

総仕上げ！膣ウォークで引き上げる

お尻の下のほうの「股関節の骨に近い筋肉」を働かせる

骨が正しい位置にある状態で歩ければ、それだけで十分ボディメイクになります。それはストレッチやトレーニングより、日々歩く動作のほうが圧倒的に多いから。脚のつけ根から前へ、上へ伸びるように歩くことがポイントです。

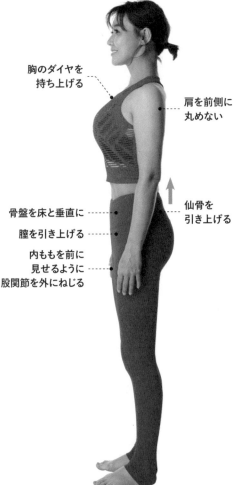

1

胸のダイヤを持ち上げる

肩を前側に丸めない

仙骨を引き上げる

骨盤を床と垂直に

膣を引き上げる

内ももを前に見せるように股関節を外にねじる

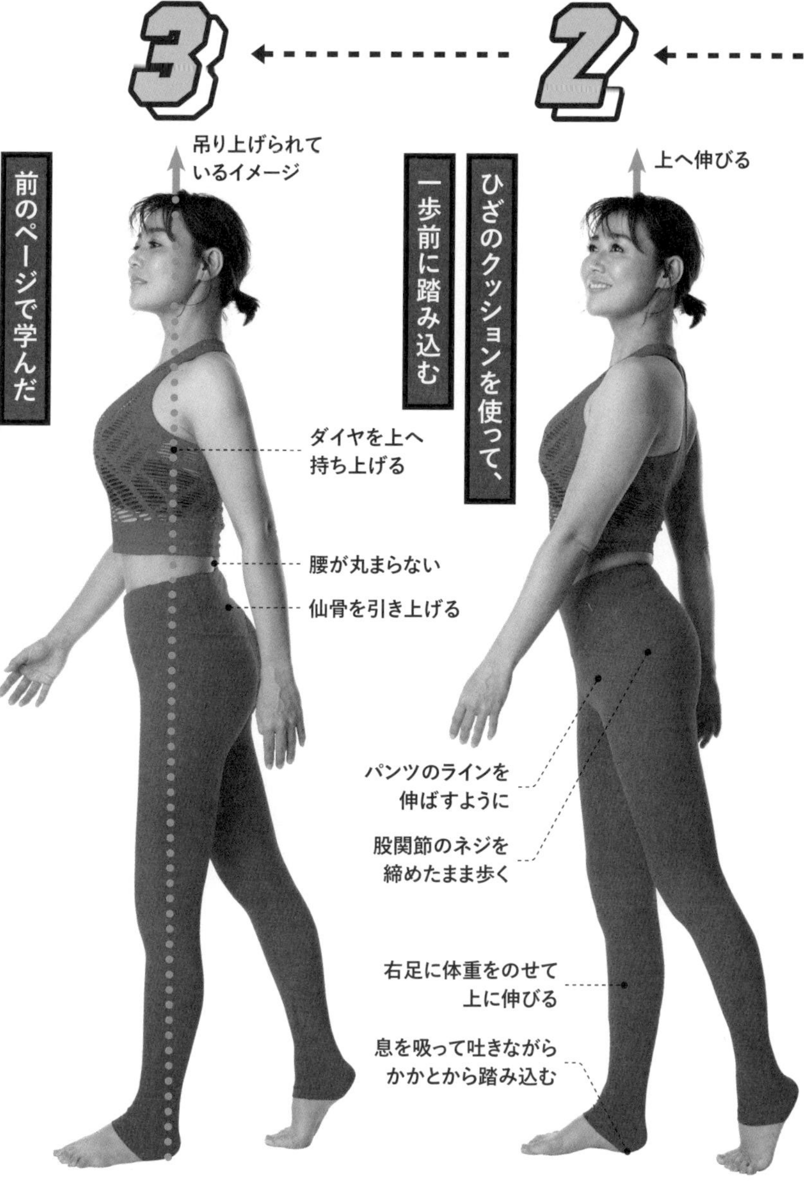
3
2
吊り上げられて
いるイメージ
上へ伸びる
しっかり後ろ脚で地面を踏む！
「内ももを前に見せるように」「上へ伸びる」感覚を生かして、
前のページで学んだ
一歩前に踏み込む
ひざのクッションを使って、
ダイヤを上へ
持ち上げる
腰が丸まらない
仙骨を引き上げる
パンツのラインを
伸ばすように
股関節のネジを
締めたまま歩く
右足に体重をのせて
上に伸びる
息を吸って吐きながら
かかとから踏み込む

今まで学んだことの集大成 普段当たり前にしている「歩く」こと。実はこれ、関節やインナーマッスルを使うPART1のすべての要素が詰まった最強のトレーニングなのです。内ももを前に見せるように股関節を外にねじって、仙骨と膣を引き上げる、みぞおちをカラダにしまい込むように胸を上げることを意識して行いましょう。

4つのスイッチを24時間キープする小さな気づき

ストレッチやトレーニングで正しい骨の使い方をカラダに覚え込ませることが3DX BODYへの第一歩。でもトレーニング以外の日常生活の姿勢はもっと大切。信号待ち、電車の中、家事時間などでどれだけ骨の使い方を意識できたかで、3DX BODYになれるかが決まります！

サドルを膣で吸い上げるようなイメージで自転車に乗ってみましょう。息を吸ってお腹を膨らませるとサドルに骨盤底筋が当たるのがわかります。息を吐きながら膣を引き上げ、サドルから離れる感覚が得られればOK！

自転車に乗っているときに

階段を昇るとき

骨盤を立てて、仙骨を引き上げる姿勢をキープしつつ、脚のつけ根を伸ばすようにして昇ります。仙骨とお尻の下部の筋肉が収縮する感覚があれば正しく昇れている証拠です！

信号待ちのときに

片足重心になったり、スマホを見ながら首が前に出たりしてはダメ。つま先を正面に向け、内ももを前の人に見せるような意識で。胸を上げ、みぞおちが出ないように、常に上から吊られているように立ちます！ 首の筒を立てる意識を忘れずに。

通勤途中に

吊り革に体重を預けたり、背中や腰を丸めてスマホを見たりしていませんか？ これ、全部ダメです。立ち姿勢も座り姿勢も基本は同じ。仙骨を立てて、内ももを前の人に見せるイメージで。その姿勢をキープしたまま、上に伸びるように意識しましょう！

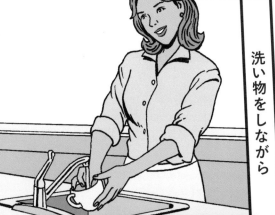

洗い物をしながら

お腹あたりが濡れてしまうという人は体幹が整っていなくて、シンクにもたれかかってしまっています。これは骨盤が正しい位置にないため、下腹が前へせり出してしまうから。仙骨を引き上げ、肩甲骨を立てて、姿勢を整えられればお腹が濡れてしまう心配はありません。

小さな“気づき”が大切！

YumiCoreBodyのトレーナーの変化

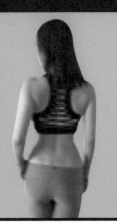

猫背&ゆるんだ骨盤で背中や腰、下腹にお肉が。姿勢と骨格の改善で美しい曲線&くびれに!

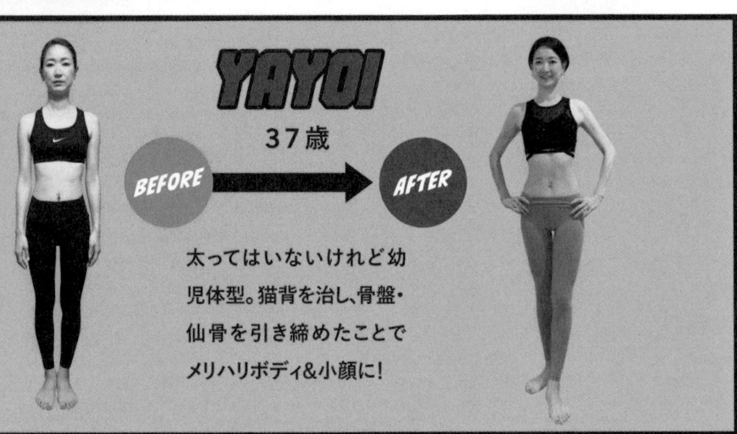

太ってはいないけれど幼児体型。猫背を治し、骨盤・仙骨を引き締めたことでメリハリボディ&小顔に!

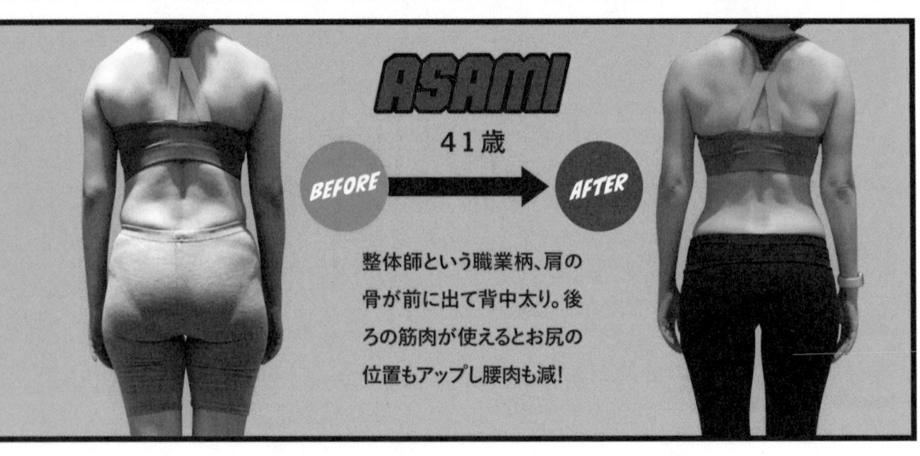

整体師という職業柄、肩の骨が前に出て背中太り。後ろの筋肉が使えるとお尻の位置もアップし腰肉も減!

実はYumiCoreのトレーナーで「スタイルがいい!」と最初から言える人は1人もいませんでした(笑)。でも、骨格ってたった数年で変えられるんです!

RUMI
38歳
BEFORE
AFTER
すべてのネジを締めたので体重は変わっていないのにウエスト位置がアップ。メリハリボディが完成!

SANAE
33歳
BEFORE
AFTER
とにかく猫背で、顔とお尻がたるんで下垂。胸椎を改革して小顔、股関節を改革してお尻もアップ!

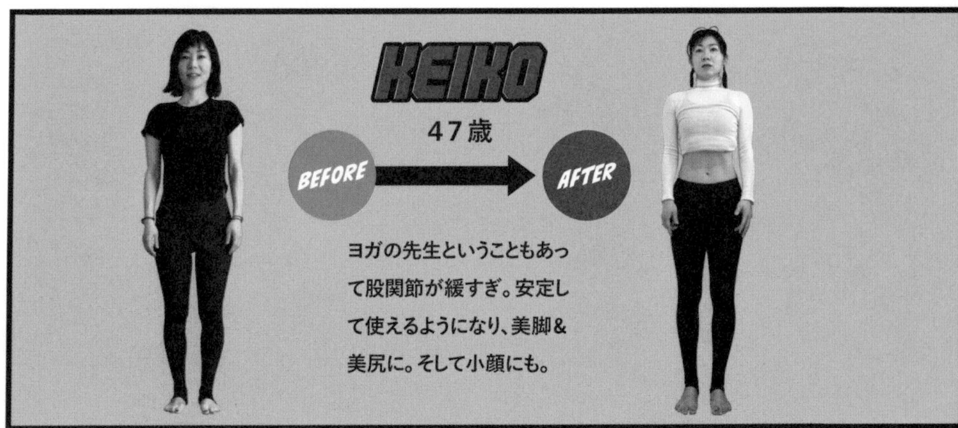

KEIKO
47歳
BEFORE
AFTER
ヨガの先生ということもあって股関節が緩すぎ。安定して使えるようになり、美脚&美尻に。そして小顔にも。

骨盤が締まらず、ぺったりのっぺりしたお腹とお尻。お腹が締まってヒップアップ。二重あごが小顔に!

メリハリのないうすいカラダ。首をまっすぐにしたことで、くびれ&小顔に。バランスが大事。

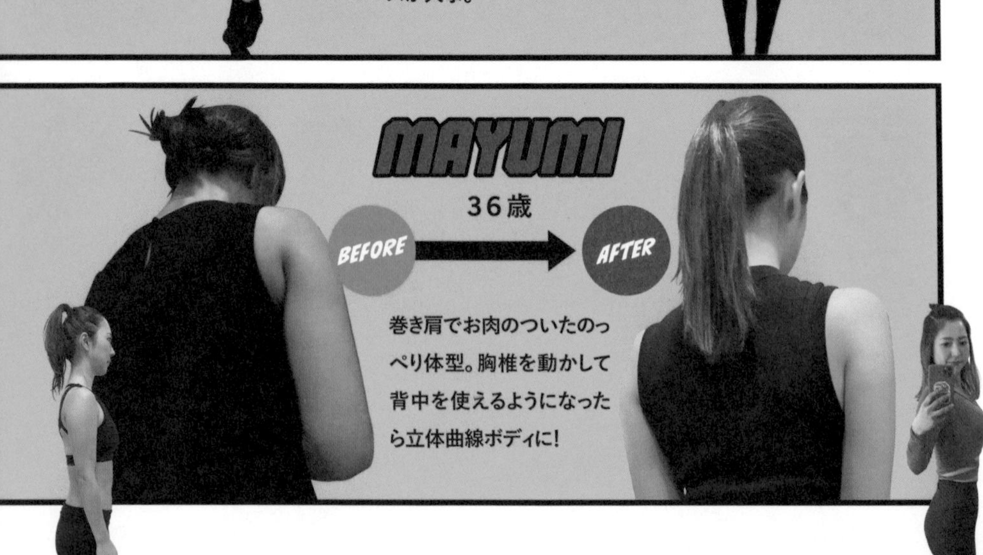

巻き肩でお肉のついたのっぺり体型。胸椎を動かして背中を使えるようになったら立体曲線ボディに!

NATSUKO
38歳
BEFORE
AFTER
二の腕がたぷたぷし、つぶれたお腹。ウエストの位置が高くなり、フェイスラインがスッキリ!

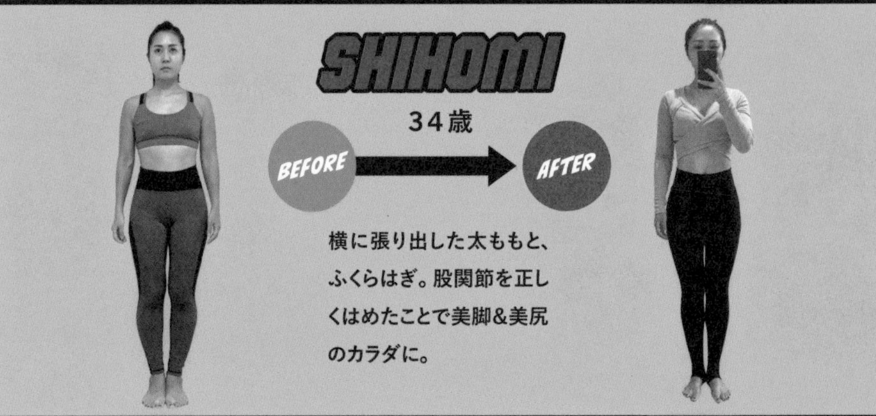
SHIHOMI
34歳
BEFORE
AFTER
横に張り出した太ももと、ふくらはぎ。股関節を正しくはめたことで美脚&美尻のカラダに。

AOAMI
30歳
BEFORE
AFTER
細いけど凸凹がなく、消えた肩甲骨。胸椎をやわらかくしてスッキリ背中とキュッとしまったお尻に!

おわりに

数年前まで本当に普通の主婦だった私。カラダにも全く興味がなく、もちろん何の知識もなく、ふとしたきっかけからトレーナーになりました。生徒さんたちの一生懸命な姿を見ていくうちに、〝本当にカラダを変えたい〟と思うようになり、勉強するようになりました。

トレーニングだけではなく、整体の技術やピラティス、苦手だった解剖学も勉強し、メソッドをより進化させるために、よき師に出会えないかと全国をまわったりもしました。それと同時に生徒は何倍にも増え、最初はアパートの一室からスタートし、それから3年がたち、1店舗だったスタジオは東京に4店舗、大阪に1店舗の合計5店舗になりました。お客様やトレーナー、裏で働いてくれるスタッフも増え、わずか数十人だったインスタグラムのフォロワーも15万人になり、いつの間にか多くの人に支持していただけるようになりました。

一見、会社が大きくなり、ものすごく変化しているように見えるかもしれませんが、私の中ではずーっと変わらず、「私に出会ったすべての人のカラダが変わってほしい」という想いがあります。これを形にするため、よりよいもの＝レッスンを追い求め、ただただ走り続けてきました。

実際にカラダを変えた人にしか伝えられない思いや説得力を何より大切にしたかったので、自分自身のカラダで試してみたり、工夫したり。今のメソッドに至るまで多くの回り道や遠回りもしたなと思います。ですが、その回り道を無駄だと思ったことも後悔をしたこともありません。その分、人の気持ちに寄り添えたり、本物かどうか、本質かどうかを見極めたりできるようになりました。そうしたすべてが今のメソッドにつながり、より多くの人のカラダを変えることにつながっていると感じています。

多くの人のカラダを見せていただいて完成してきたこのメソッドは、実は私だけがつくったものではありません。私とともに生徒さんたちと常に真剣に向き合ってくれたトレーナーたち、そして私を信じてくれる、生徒さんたちとともにつくり上げたものなのだと思います。そして「すべての人のカラダを変えたい」という思いから最新の私のメソッドを伝えている本書は、私にとって、特別な本となりました。

この本には、私のほかに3人のトレーナー、HARUKA、NAO、KIYONOが登場してくれています。この3人は私がスタジオを立ち上げた当初から私を信じ、支え続けてくれた仲間であり、感謝しかありません（初めて言いました）。

いつの日か私のメソッドが世の中に広まり、この3人がより多くの人のカラダを変え、より多くの誰かを幸せにできる存在に、そして希望になってほしいと心から望んでいたので、本書で3人を紹介できたことは私にとってとても価値があるのです。

私を信じてくれるすべての人とずっと向き合い、期待に300％応え続けて、喜ぶ笑顔が見たいからきっとまだまだこのメソッドは進化していくんだろうと思います。

「私と出会ったすべての人のカラダが変わるように」

本書を手にしてくださったみなさまのカラダが変わりますことを心から願っています。

令和3年2月　村田友美子

くびれ母ちゃんの
骨からボディメイク
3DX BODY

著　者　村田友美子

2021年2月20日　初版発行
2021年3月10日　3版発行

発行者　横内正昭
編集人　青柳有紀

発行所　株式会社ワニブックス
〒150-8482
東京都渋谷区恵比寿4-4-9えびす大黒ビル
電話　03-5449-2711（代表）
03-5449-2716（編集部）
ワニブックスHP　http://www.wani.co.jp/
WANI BOOKOUT　http://www.wanibookout.com/

印刷所　凸版印刷株式会社
製本所　ナショナル製本

定価はカバーに表示してあります。

※本書のメソッドは著者独自のものであり、効果・効用には個人差があります。
※事故やトラブルに関して本書は責任を負いかねますので、あくまでも自己責任においてご活用をお願いいたします。
※本書のメソッドを行うことに心配や不安がある場合は、専門家や専門医にご相談のうえお試しください。

ISBN 978-4-8470-7023-5

STAFF

撮影	曽根将樹（ピースモンキー）
装丁・本文デザイン	木村由香利（986DESIGN）
マンガ・イラスト	小林修治
人体イラスト	ラウンドフラット
ムービー	ノンキビーム
スタイリング	増田久美子（DerGLANZ）
ヘアメイク	福川雅顕 陶山恵実（ROI） 白水真佑子
構成	峯澤美絵
校正	深澤晴彦
マネジメント	曽志崎真衣 服部愛子
編集	野秋真紀子（ヴュー企画）
編集統括	吉本光里（ワニブックス）

衣装クレジット
表紙&中ページ ウェア
●YUMICO
inner（キャミソールトップス） BREATH TAKING：https://www.aiobt.com（その他：スタイリスト私物）
●KIYONO
Tops&Bottoms BREATH TAKING：https://www.alobt.com
●HARUKA
Tops BREATH TAKING：https://www.alobt.com（その他：スタイリスト私物）
●NAO
Tops Varley（KIT）：https://kitstore.jp（その他：スタイリスト私物）
P2-3
Tops&Bottoms Lilybod（KIT）：https://kitstore.jp
P8-9・P91
イヤーカフ（4名すべて） KNOWHOW jewelry：03-6812-9147（その他：スタイリスト私物）

20min	COLOR	片面1層	無断公開不可	レンタル禁止	DVD VIDEO	DOLBY DIGITAL	16:9	2 NTSC 日本市場向	複製不能	日本語

DVDについて

【ご使用前にお読みください】このDVD-Videoは、私的視聴に限って販売されています。著作権者に無断で複製、改変、放送（有線、無線）、インターネット等による公衆送信、上映、レンタル（有償、無償を問わず）することは、法律によって禁止されています。
【ご注意】■このDVD-Videoは、DVD規格に準じて制作されています。必ずDVD-Video対応のプレイヤーで再生してください。DVDドライブつきPCやゲーム機などの一部の機種では再生できない場合があります。すべてのDVD機器での再生を保証するものではありません。■DVD-Videoは、映像と音声を高密度に記録したディスクです。再生上のくわしい操作については、ご使用になるプレイヤーの取り扱い説明書をごらんください。■ディスクの両面とも、指紋、汚れ、傷等をつけないようにお取り扱いください。ディスクが汚れたときは、メガネふきのようなやわらかい布で内周から外周に向かって、放射状に軽くふきとり、レコード用クリーナーや溶剤などは、ご使用にならないでください。■ひび割れや変形、また、接着剤などで補修したディスクは危険ですし、プレイヤーの故障の原因にもなります。ご使用にならないでください。
【保管上のご注意】■直射日光の当たる場所や高温多湿の場所には保管しないでください。
【視聴の際のご注意】■このDVD-Videoを視聴する際には、明るい場所で、なるべく画面より離れてごらんください。長時間続けてのご視聴は避け、適度に休息をとるようにしてください。
【図書館の方へ】■このDVDは映像などの著作権を含むため、館外への貸し出しはお断りします。